走进博物馆丛书

千年帝都
文武盛地

西安博物院

陕西省文物局 编

西安地图出版社

图书在版编目（CIP）数据

千年帝都　文武盛地：西安博物院 / 陕西省文物局编 . -- 西安 : 西安地图出版社 , 2020.5（2023.12 重印）
ISBN 978-7-5556-0621-5

Ⅰ . ①千… Ⅱ . ①陕… Ⅲ . ①博物馆—介绍—西安 Ⅳ . ① G269.274.11

中国版本图书馆 CIP 数据核字 (2020) 第 057962 号

著作人及著作方式：陕西省文物局　编
责任编辑：杨　芸
书籍设计：贺建林　袁樱子

书　　名	千年帝都　文武盛地——西安博物院 QIANNIAN DIDU WENWU SHENGDI——XI'AN BOWUYUAN
出版发行	西安地图出版社
地址邮编	西安市友谊东路 334 号　710054
印　　刷	浙江经纬印业股份有限公司
开　　本	787mm × 1092mm　1/16
印　　张	13.75
字　　数	167 千字
版　　次	2020 年 5 月第 1 版　2023 年 12 月第 2 次印刷
书　　号	ISBN 978-7-5556-0621-5
定　　价	86.00 元

总序

陕西省文物局局长
罗文利

作为西学东渐的产物，博物馆在中国已经有150余年的历史。在今天，很少有人不知道博物馆，但当问到什么是博物馆时，恐怕绝大多数人未必答得上来或说得清楚。在汉代许慎编著的中国最早的字典《说文解字》中，“博”字被解释成“大、通也”，可引申为“众多”“丰富”等含义；“物”字则解释为“万物”，包含人为物和自然物两种含义。“馆”字在中国古代另一本字典《玉篇》中解释为“客舍”，后来逐渐引申为“公共建筑物”。所以唐宋以来，称专管或保存文物或讲论学问的公共建筑物为“馆”，如“昭文馆”“弘文馆”“史馆”等。“博物”两字连称，最早见于《左传·昭公元年》：“晋侯闻子产之言，曰博物君子也。”晋代张华收集古今奇异之物、奇境殊俗，编成了著名的《博物志》一书。据此，“博物”有博览万物、保存万物、精通万物之意，“博物馆”的意思就是保存、展出、研究万物的公共机构。而在西方，有关博物馆历史的著作，都一致认为博物馆（Museum）一词来自希腊文Mouseion，原意为“祭祀缪斯的地方”，从而将博物馆的起源，追溯到希腊神话中的缪斯（Muses）女神。据说缪斯是掌管历史、天文、史诗、情诗、抒情诗、悲剧、喜剧、圣歌和舞蹈等九个女神的总称，代表着当时希腊人文活动的全部。这一颇具学术意义的追本溯源，既给今天人们所熟知的博物馆蒙上了一层神奇的光环，更给博物馆增添了浓厚的文化学术色彩。

当然，以上所说，只是博物馆的字面意义。由于博物馆是在适应社会发展的历程中逐渐形成的具有多种功能的文化复合体，且其功能随着社会的发展仍在不断地发展变化，因此，博物馆的定义也在不断修改之中。自 1946 年以来，国际博物馆的权威组织国际博物馆协会曾对博物馆的定义进行了 8 次修订。目前比较公认的定义是 2007 年修订的，即博物馆是一个为社会及社会发展服务、向公众开放的文化机构，它为教育、研究、欣赏的目的征集、保护、研究、传播并展出人类和人类环境的物质及非物质遗产。实际上，国际博物馆协会对博物馆的这一定义只是国际上的一般性定义，不少国家还按照自己的国情给博物馆下了定义。

博物馆作为一个为社会及其发展服务的、向公众开放的文化机构，它究竟有着什么样的作用和地位，公众也有其独特的视角和认识，应该予以足够的倾听和回应。对此，美国盲聋女作家和残障教育家海伦·凯勒（Helen Keller，1880.6.27—1968.6.1）的看法也许能够代表公众对博物馆的认识。海伦在她那篇脍炙人口的散文《假如给我三天光明》中说道，如果“有三天视力的话”，她将会用一整天的时间“参观博物馆”“对整个世界，从古到今，作匆匆的一瞥。……看看人类所走过的艰难曲折的道路，看看历代的兴衰和沧桑之变”。作为一个盲人，在想象能看东西的短短三天里，海伦将花一整天时间参观博物馆的强烈愿望，真切反映了博物馆在海伦以及 50 多年前的美国公众心目中的地位，而她对博物馆的理解，则是对博物馆意义的最好解释。是的，今天，无论人们承认与否，博物馆已经成为人类昨天的脚印、今天的镜子和明天的根基，是人们认识自己及其生存环境最好、最直观的百科全书，是一个国家、一个民族历史文化和现代文明的形象代表。

值得高兴的是，随着经济社会和博物馆事业的快速发展以及个人文化素养的提升，在当今的中国，像海伦那样自觉走进博物馆的人越来越多，以致走进博物馆似乎正在成为一种生活方式和时尚。但是，也毋庸讳言，置身博物馆展厅、面对琳琅满目的展品，又有多少人真正看懂了展品、理解了展览？这有观众自身的原因，但更多的当是博物馆的原因，那就是太多的展览太过专业太过学术，让人无法看懂，且服务观众的方式也不够丰富多样。事实就是这样，虽然走进博物馆的人越来越多，但大多是“匆匆一瞥”“到此一游”，没有充分理解、利用博物馆这个可令人“大有所获”的地方。因此，要让走进博物馆真正成为一种生活方式，要让博物馆发挥更大的作用，博物馆及有关机构还有许多的事情要做。

陕西是中华文明最重要的发祥地之一，是中国历史上 14 个朝代，特别是统一强盛的周、秦、汉、唐王朝的政治、经济、文化中心，同时也是现代中国革命的摇篮和圣地。陕西境内现有的 300 余家博物馆则是全面反映、再现陕西悠久历史和灿烂文化的主要载体。与其他省、市相比，陕西博物馆的文物藏品不仅数量多、种类全、品位高，在工艺技术、艺术创造等方面代表了全国的最高水平，而且还因其无与伦比的典型性、序列性、完整性，充分体现了中国历史的源远流长和中国古代文明的博大精深，并由此而成为海内外观众来陕西旅游的首选。

为深入贯彻落实习近平总书记关于文化遗产保护工作的重要指示和中共中央、国务院办公厅《关于实施中华优秀传统文化传承发展工程的意见》，进一步加强陕西“彰显华夏文明历史文化基地”建设，充分发挥博物馆在传播、传承、弘扬陕西历史文化和中华优秀传统文化，培育和践行社会主义核心价值观的过程中的独特作用，满足人民群众日益增长的精神文化需求，坚定人民群众的文化认同和价值认同，陕西省文物局决定选取陕西历史博物馆、秦始皇帝陵博物院、汉景帝阳陵博物院、西安博物院、西安半坡博物馆、西安碑林博物馆、宝鸡青铜器博物院、法门寺博物馆、渭南市博物馆、延安革命纪念馆、安康博物馆、汉中市博物馆共12家收藏丰富、主题鲜明、影响重大的博物馆，与西安地图出版社合作编辑出版第一辑“走进博物馆丛书”。

与以往出版的类似图书偏重介绍馆况、陈列展览、单件文物以及器物之美不同，本套丛书重在深入挖掘文物藏品的内涵价值，以物说史，以物证史，以物串史，通过文物呈现历史文化，通过文物讲好陕西历史文化故事；具体编写时则根据各馆的性质定位，一馆一册，一馆一个主题。通过藏品和展览反映朝代文化或专题文化，让读者通过阅读本套丛书，既能了解各馆的特点、重要朝代（时代）的文明成就和历史地位、地域文化特色，又能感受到陕西历史文化发展的总体脉络和文明成就。可以说，如果您想如海伦·凯勒那样“看看人类所走过的艰难曲折的道路，看看历代的兴衰和沧桑之变”，这套丛书毫无疑问应当是您的首选。当然，我们更衷心希望本套丛书的出版发行，能让更多的人真正了解文物背后蕴含的思想理念、人文精神和经验智慧，为人们认识和改造世界提供文化积淀、智慧启迪、精神动力，让我们共同再创中华文化新辉煌，实现中华民族伟大复兴的中国梦。

院长致辞

西安博物院院长
余红健

众所周知，西安是与雅典、开罗、罗马并称的世界四大文明古都，是古代丝绸之路的东方起点，而西安博物院就位于这个端点——隋唐长安城朱雀大街的东侧。院址以世界文化遗产、全国重点文物保护单位小雁塔为中心，由博物院 、唐代荐福寺遗址和小雁塔历史文化公园三部分组成。目前是国内少有的集世界文化遗产、全国重点文物保护单位、古建筑群和现代化展馆于一体的国家一级博物馆。

2015 年，习近平总书记来我院考察调研时强调："一个博物院就是一所大学校。要把凝结着中华民族传统文化的文物保护好、管理好，同时加强研究和利用，让历史说话，让文物说话，在传承祖先的成就和光荣、增强民族自尊和自信的同时，谨记历史的挫折和教训，少走弯路、更好前进。"西安古称长安，是中国古代十三个王朝的京畿（jī）之地，是海内外学者、政要所熟知的中国故都，是华夏历史最为重要的地理标志，是中华民族铭记于心的文明摇篮。遍览国史，五千年的悠久岁月中有五分之一的时间以长安为首都，历经周、秦、汉、唐，承载着华夏文明的根脉；放眼全球，陆路距离超过七千千米的丝绸之路以长安为东方起点，牵动三洲两洋见证了人类文明的进程。作为西安市最重要的博物馆之一，我们深感自己肩负的责任重大。如何做到让历史说话，让文物说话，使观众通过馆藏文物更好地了解我们这座城市的荣辱兴衰、我们这个国家的来龙去脉、我们这个民族的精神历程，实现习近平总书记对文博事业的期许与嘱托，的确是一件具有挑战性的工作。

恰逢此时，我们有机会参与由陕西省文物局组织的“走进博物馆丛书”编纂项目，并负责西安博物院分册的撰稿，这是极富意义的事情。希望本书的出版，能够使读者透过文物了解华夏文明的血脉源流，实现今人与古人的精神交流，进而从中汲取力量、增强文化自信，助力每一个人心中的中国梦。这样一来，也就在某种程度上达到了让历史说话、让文物说话的写作目的。我们期待大家在了解古代长安历史文物的同时，也常来西安博物院做客。

目录

第一章　文武盛地：古代长安的史地概况　… 003

天府之国——西安的地理环境　… 004
帝王之州——西安的城市历程　… 008

第二章　千年奇塔：小雁塔的前世今生　… 015

女皇赐福——荐福之地的宝塔　… 016
关中名胜——雁塔晨钟的传奇　… 020
丝路遗产——中外交流的明珠　… 024

第三章　华夏故都：西安的古代都城文明　… 033

文明伊始——从古猿人到黄帝之城　… 035
礼乐丰镐——青铜时代的赫赫宗周　… 040
帝都咸阳——统一九州的大秦中枢　… 072
风扬汉城——长治久安的西汉京畿　… 103
乱世残垣——魏晋南北朝的长安城　… 139
盛世长安——誉满天下的隋唐国都　… 146
西部重镇——宋元明清的安西府城　… 183

附录　… 189

游客服务信息　… 189
陕西省博物馆分布示意图　… 195
陕西省博物馆名录　… 196
主要参考文献　… 207

壹

文武盛地

古代长安的史地概况

第一章 文武盛地：古代长安的史地概况

翻开中国地图，在我国版图的中央有一块依偎在黄河“几”字形怀抱里的省份——陕西。这块为上天眷顾的土地外形酷似一把钥匙，当用这把钥匙去开启时光之门，找寻尘封在每一个中国人脑海深处的精神故都时，“长安”这个熟悉的名字已经千百次地浮现在眼前。我们不妨走进西安博物院，追随先贤的足迹，回顾往昔的岁月，感受这座古老都城的荣光与魅力。

天府之国

西安的地理环境

◎ 西安城区周边地形图

长安即今天的陕西西安，它地处关中平原中部，地势南高北低，渭河自西向东将其分为南北两个区域。南部的秦岭山地群峰竞秀，北部的渭河平原舒展坦荡。这里受东亚季风周期性的影响，四季特征鲜明，雨水多集中于炎热的夏季，属于典型的暖温带半湿润大陆性季风气候。

早在110万年前，西安市蓝田县的公王岭就已经有古人类居住了，当时的秦岭尚处于不断抬升的阶段，气候比现在更加温暖湿润。距今1万年左右，末次冰期结束，全球气温开始逐渐转暖，人类的祖先走出浅山岩洞，向着平原地带转移，开始营建原始村落。其时，关中南部有大片的草甸，是以榆属、榛属、栎属为主的针阔叶混交森林草原；渭河北岸的黄土台塬地区则是典型的草原景观，高原内的山地、沟谷之中仍有较为茂密的森林存在，水热条件较为优越。半坡先贤就是在浐河岸边刀耕火种、种粟植麻，引领着这片土地一步步迈向文明的门槛。

大约4000年前，全球性降温事件促使我国南涝北旱的环境格局基本成形，西安地区的自然环境有向干凉逐步发展的趋势，但至少在西周之前变化有限。当时平原地带河谷宽浅，水流丰沛；高原地区溪泉涌动，泽薮众多。《诗经》中记述关中河流之中“潜有多鱼”，河谷之内“振鹭于飞”，原野之上“呦呦鹿鸣”，完全是现在江南水乡的景色。茂密的植被蕴含了充足的水分，河水因此源源不断地流淌，沣水、潏水都可行船。春秋时期秦穆公竟能够发动“泛舟之役”，利用渭河从雍城（今凤翔县）向晋国运送粮食。西汉皇室更是依托京畿地区丰富的水源建立起一系列的苑囿湖池，少府属官中甚至有“上林十池监”对其进行管理。作为气候温湿标识的原始竹林在关中一带一直存续到唐宋时期，例如周至芒水（今黑河）、就水（今就峪河）的“竹圃”，到了唐代还设有“司竹监”专门管理。

渭河平原的土壤以风成黄土为主，土层深厚，疏松多孔，团粒细腻，富含各种矿物质。这种土壤具有一定的“自肥性”，能够通过灌溉把土壤底层的养分源源不断地吸收到地表，增强耕作层的肥力。事实上，在商周时期关中不少地区尚留有50 ~ 60厘米厚的腐殖质成分层，个别地方的厚度甚至超过2米，不难想象这片土地的肥沃程度。历史上，西安附近有8条河流自南向北汇入渭河构成水网，即泾、沣、涝、潏、滈、浐、灞，加上渭河，后人将这一自然景观习称为“八水绕长安”。如此适宜的气候、水土条件，从事耕作省力而易见功效，在改造自然环境能力有限、农业生产与天时地利息息相关的古代，这里无异于天堂乐土。难怪《尚书·禹贡》在辨九州之土时，将雍州（陕西关中）的黄壤列为上上之土，到了秦汉时期，渭河平原更有陆海、沃野、土膏之称。

筚路蓝缕以启山林，化泽薮为良田、变河川为乐园的壮举离不开历代先民的开拓创新与艰苦奋斗。早在史前，人们就根据本地区的水热气候特点，选择了粟、黍等耐旱作物为主要栽培对象。周人在生产中注意因地导利、除草治虫、选育良种。秦人继承和发展了西周的农耕技术，牛耕普遍，精耕细作逐渐成为传统；他们还善于养马，甚至利用骊山的温泉热能在低温季节栽培瓜果。苏秦认为当时的关中“沃野千里，积蓄饶多，地势形便，此所谓天府，天下之雄国也”。据学者研究，战国时期秦地种植西亚传来的小麦，并通过修建郑国渠使亩产量提高了三倍，可见关中这个“金城千里，天府之国”的确是前人一步一个脚印用努力创造出来的。西周、秦、西汉、隋、唐正是凭借这方古人开创的钟灵毓秀之地，一次次统一了中国，为华夏文明写下华丽的篇章。

帝王之州

西安的城市历程

1250多年前，唐代“诗圣”杜甫在《秋兴八首》中写道：“回首可怜歌舞地，秦中自古帝王州。”诗人在悲叹、惋惜安史之乱后国都繁华不复时，历史已悄然将长安的荣耀凝滞在了大唐，成为后世的故都。以至于时至今日，西安依旧是中国历史上影响最大、建都时间最长的政治、经济、文化中心。

一般认为在西安地区先后有西周、秦、西汉、新莽、东汉（献帝）、西晋（愍帝）、前赵、前秦、后秦、西魏、北周、隋、唐，十三个王朝在此建都，累计1100多年的建都史。其实，还有汉更始帝刘玄、赤眉帝刘盆子、大齐皇帝黄巢，这三个极为短暂的农民起义政权以此为都，可以说是名副其实的“十六朝古都”。其中周、秦、汉、唐这四个朝代国力强盛、文化积淀丰厚，在中外历史上产生过深远的影响，最为世人瞩目。尤其是汉唐时期，科技先进、经济发达、文化昌盛、幅员辽阔，吸引了大批外国使节、僧侣学者、商贾百姓不远万里而来，长安城是当时东亚地区首屈一指的国际化大都会。

在唐代以前长达2000年的时间里，有如此多的英雄豪杰、帝王将相选择在西安建都，除了“天府之国”的地利之外，还与关中的地理形势密切相关。西安所在的渭河平原西起宝鸡，东至潼关，号称“八百里秦川”。战国时，秦人在盆地周边设立关卡，“东函谷，南武关（今陕西省丹凤县境内），西散关（今陕西省宝鸡市境内），北萧关（今宁夏原州区境内）”的说法得到了人们的长期遵从。其实现实中并非只有这四关，而渭河平原正居于这些关隘之中，因此得名“关中”。

关中之地不仅居于关隘之中，亦是中国大陆的几何中心，机缘巧合的是它还联结着周围几个不同的重要地理单元。由渭河北岸北穿黄土高原可达内蒙古鄂尔多斯高原；从大荔向东北渡黄河能够进入山西临汾盆地；东出函谷关就是华北平原；在商县向东南即直抵江汉平原；循秦岭峪口南下就是汉中盆地；自宝鸡向西南则进入了四川盆地；西出陇关可通河西走廊；萧关则守

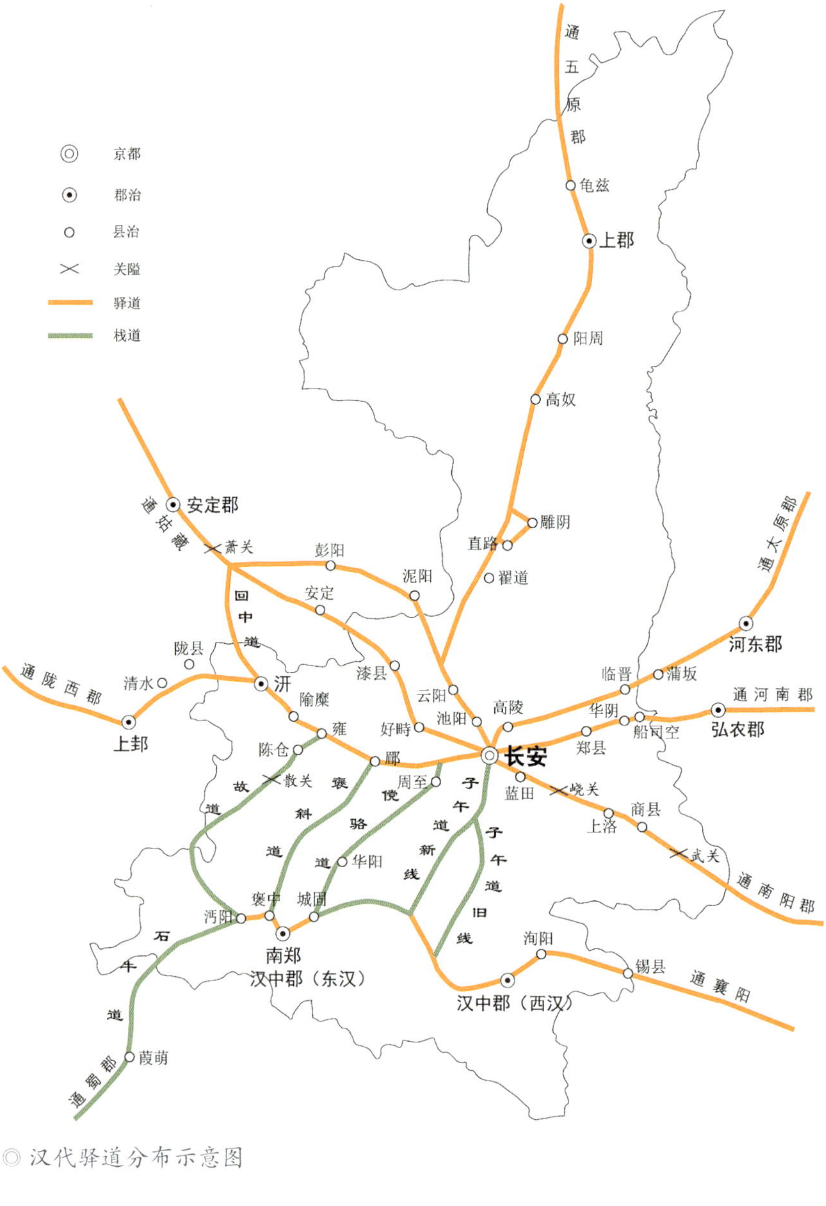
京都
郡治
县治
关隘
驿道
栈道
通五原郡
龟兹
上郡
阳周
高奴
雕阴
直路
翟道
通姑藏
安定郡
萧关
彭阳
泥阳
安定
回中道
陇县
通陇西郡
清水
汧
上邽
隃麋
雍
漆县
云阳
好畤
池阳
高陵
临晋
蒲坂
河东郡
通太原郡
通河南郡
华阴
船司空
弘农郡
郑县
长安
陈仓
郿
散关
故道
褒斜道
傥骆道
周至
子午道新线
子午道旧线
蓝田
峣关
上洛
商县
武关
通南阳郡
华阳
褒中
城固
沔阳
南郑
汉中郡（东汉）
石牛道
洵阳
锡县
通襄阳
汉中郡（西汉）
葭萌
通蜀郡

◎ 汉代驿道分布示意图

护着关中的西北。诚如张良所言："夫关中左崤函，右陇蜀，沃野千里，南有巴蜀之饶，北有胡苑之利，阻三面而守，独以一面东制诸侯。诸侯定，河渭漕挽天下，西给京师；诸侯有变，顺流而下，足以委输。"真可谓四面关隘守金城，八方通衢系中外，天然一个长安地，自当选作帝王都。

在我国历史上，洛阳、北京、开封、南京等地都曾长期成为国家的首都，不少省、市都以作为中华文明发源地而倍感自豪，但是被海内外政要、学者、文化名人乃至普通百姓所认同和熟知的华夏文明故都与发祥地仍旧是西安。西安作为我国七大古都之首、世界四大古都之一的地位始终不曾被动摇，无出其右者。究其原因，不仅在于它曾建立起世界上城市规模最大、人口数量最多、经济实力最雄厚、文化科技最先进、引领东西方文明互动交流的国际中心城市，更在于它对我们华夏民族特殊的历史文化贡献。

历史选择了西安，西安也创造了历史，它是世界范围内少数几个浓缩了人类文明进程的历史文化圣地。西安地区不仅见证了自黄帝以来，以杨官寨遗址、西周丰镐遗址、秦都咸阳遗址、汉长安城遗址、隋唐长安城遗址为代表的中国古代都城发展史；更是华夏文明诞生、形成和发展的地方，是北宋之前中华文明的核心区。屹立于世界民族之林，我们的历史自豪感和民族自信心几乎都与这片土地息息相关。我们的国家、民族和文明，在诞生、形成和发展的各个关键时期均直接受惠于此地。正是这方净土引领我们形成了统一的多民族国家，使我们的文明成为人类历史上唯一不曾间断的伟大文明，并最终被世人公认为中华民族的人文源脉。

3000年的中国历史看西安，来到西安不能错过西安博物院，因为这里是专门讲述长安从古至今城市变迁史与人文发展历程的地方。在这里汉唐文物与世界遗产交相辉映，古代园林与现代建筑彼此守望。登上古朴秀丽的小雁塔，会让人感慨于数千年之前，由十三个王朝所缔造出的盛世辉煌。走进琳琅满目的陈列厅，更令人惊叹于百万年以来，这片土地所承载的华夏人文源脉。

贰

千年奇塔

小雁塔的前世今生

第二章

千年奇塔：小雁塔的前世今生

在今天西安市明城墙朱雀门之南，大约 2 千米的地方，南北向大街的东侧，矗立着一座有着 1300 多年历史的古老建筑，它秀丽典雅的外观吸引着路过的行人，尤其是外地的游客，驻足观看，合影留念，这就是西安博物院内最高大的古代建筑——小雁塔。循着塔的方向，很容易找到西安博物院的所在，进入明清荐福寺的古遗址群中。“小雁塔”是明清以来关中人对它的习称，岁月的沧海桑田掩埋了它昔日的荣光繁华，人们已经很少将它和皇家联系在一起，但是朱雀门、朱雀大街这两个隋唐长安城最重要的地理标志，却时刻提醒着我们古塔的非凡身世。

女皇赐福

荐福之地的宝塔

小雁塔是唐代京城名刹荐福寺的佛塔，又称“荐福寺塔”，该寺与隋唐皇室渊源颇深。《唐会要》卷四十八记载，荐福寺原址最早是隋炀帝做藩王时的宅邸，唐初为太宗长女襄城公主居所，公主薨后这里便成为英王李显（唐中宗）的王宅，故称“潜龙旧宅”。684 年，唐高宗李治驾崩百日之后，太后武则天敕命在此为高宗献福立寺，时称献福寺。天授元年（690），

◎ 小雁塔鸟瞰图

武则天称帝，将寺名改为“大荐福寺”，并亲自书写了飞白体“敕赐荐福寺”寺额。此寺的建造与定名皆仰仗女皇之意，甚至连寺额的“福”字也出自其手，真可谓女皇赐福之地。

唐中宗即位后，任用佛教律宗大师道岸与工部尚书张锡监造荐福寺，并于景龙年间（707—710）在荐福寺南面的安仁坊隔街开辟塔院，由后宫妃嫔集资，为祈福和供奉佛牙舍利修造了“荐福寺塔”。神龙二年（706），唐中宗在此设立“翻经院”，由义净担任译主，左、右丞相任监译，荐福寺遂成为与慈恩寺、大兴善寺并称的“长安三大译场”。作为皇家寺院，荐福寺多次被皇帝巡幸和庇护，会昌五年（845）唐武宗灭佛，该寺是当时长安城明令保留的四座寺院之一。

唐末五代战乱频繁，位于开化坊的荐福寺被毁弃。北宋之后在唐代塔院遗址的基础上重修了荐福寺，经元、明、清不断修缮营建，遂成为关中地区重要的名刹。今天位于小雁塔文化遗产区中轴线上的古建筑群保留了明清以来的风貌，穿过巍峨壮美的南山门一路北行，钟楼、鼓楼东西相望，大雄宝殿前配以两个秀气的小亭，更显庄严典雅，高台之上的藏经楼映衬着耸入云霄的小雁塔，最北端的白衣阁苍松翠柏环绕，鸟鸣之音绕梁。

小雁塔塔基、塔身保存较好，地宫尚在。塔原有15层，顶上两层及塔刹在明嘉靖三十四年（1555）的地震中损毁，现存塔身高约40米。塔基平面为方形，边长23.38米，高出地面3.2米，砖表土心，南、北正中有青石堆砌的踏步，清代在南踏步一侧添加了石坊门。塔身平面四方形，青砖砌筑；底层边长11.38米，高6.83米，二层以上逐层内收变矮，愈上愈促，在顶部自然收拢。塔身内部中空，设有木构楼层，采用木梯盘旋而上，每层于南北修葺券窗，用以采光透气，塔外每层叠涩出檐，檐下砌有一到二层菱角牙砖。塔身下部有砖砌穹隆顶地宫，地宫分为前室、甬道和后室三部分。明正统十四年（1449）的“僧勺思吉刻礼部答复及寺塔全图碑”碑阴刻有小雁塔未遭地震损毁前的全貌线图，当时塔顶尚保存完好，塔刹由圆形刹座、两重相轮和宝珠形刹顶组成，推测为石材结构。该碑记载了番僧勺思吉发愿重修废弛已久的荐福寺，在修盖完备后通过礼部乞请寺名，如今院内“敕赐荐福寺”楷体匾额就是当年明英宗朱祁镇的手书。

清末之后社会动荡，小雁塔作为区域制高点曾多次被卷入战事之中，塔身留下累累弹痕。民国时期，胡宗南的西北剿匪总司令部、第34集团军总司令部、十战区长官部、西北绥靖长官公署等驻地均在小雁塔。中华人民共和国成立后，小雁塔得到了妥善保护和修复，并在2014年作为“长安—天山廊道的路网”中的一处遗址点入选“世界遗产名录”。

关中名胜

雁塔晨钟的传奇

俗语云“华岳仙掌望崤函，雁塔晨钟响城南”。雁塔晨钟即指荐福寺内的小雁塔及南部钟楼里悬挂的古钟，被誉为清代“关中八景”之一。据沈括《梦溪笔谈·书画》记载，宋人宋迪善画平远山水，有平沙雁落、远浦帆归、洞庭秋月、潇湘夜雨等八幅得意之作，谓之“潇湘八景”。元代以来，文人墨客纷纷效仿，选定出各地的“八景”，成为约定俗成的一种风物景观。

蒙元之时，京兆路儒学教授骆天骧所著的《类编长安志》中已录有“长安九景”，但都未与小雁塔发生关联。明人刘储秀在《刘西陂集》中所记的“长安十景”，是较早的“雁塔晨钟”与长安名景系列发生关系的记录。目前大家耳熟能详的“关中八景”源自清康熙十九年（1680）的《西安八景图碑》，其碑首题“关中八景”四字，下分十六格，每景诗画各占一格。分别为华岳仙掌、太白积雪、骊山晚照、雁塔晨钟、草堂烟雾、灞柳风雪、曲江流饮、咸阳古渡。此碑由朱集义画图并咏诗，冯绣篆额，周在丰勾朱，高君诏刻字，杨玉璞刻画，晋文煜、赵斌立石。作为关中八景中唯一以声音取胜的名胜，雁塔与晨钟既颇具传奇色彩，又不失历史文化积淀，可谓别具一格。

小雁塔最令世称奇的莫过于在明清关中发生的数次地震中，塔身多次震裂又复合如初的神奇事迹，世称“雁塔神合”。最早记载此事的是明代人王鹤。明嘉靖辛亥年（1551），他解官东省来到西安，居住于荐福寺僧房。僧人湛馨在交谈时告诉他，这座唐代砖塔于成化末年（1487）的地震中，自顶至足中裂尺许，明彻如窗牖，为行人所常见。至正德末年（1521），地再震，塔一夕之间如故。王鹤听闻后大为惊异，便在小雁塔北侧的石质门楣上将此事记刻了下来，塔门上至今仍能见到他的这十二行草书。后来，人们注意到此类事件又发生了两次，与王鹤所记并称为“三裂三合”。第二次为《陕西通志》中所记明嘉靖三十四年（1555）、四十二年（1563）两次地震中小雁塔的分合。

第三次是《履园丛话》所录清康熙三十年（1691）、六十年（1721）的分合。

据统计小雁塔经历过的地震有70余次之多，几度裂合却始终岿然不动，其优异的抗震能力吸引了不少学者长期关注、深入研究，雁塔神合之谜也日渐清晰。首先，小雁塔所在的位置黄土堆积深厚，土体稳定性良好，地面沉降较小，良好的选址为塔基的稳定提供了先决条件。其次，考古发现小雁塔有平面略呈方形的夯土地基，边长近90米。地基剖面为阶梯状，自外围向中心分五阶逐层加厚，夯土厚度为1.2～1.8米不等。扩散了塔底的压力，减少了塔体的沉降，是塔身安稳的保障。最后，小雁塔规则的形体、中空成筒的建筑构造有效提高了塔的抗震能力。随着时代的发展变迁，现代人能够凭借先进的科学仪器深入细致地观察古塔的方方面面，数据显示小雁塔不曾有过严丝合缝的复合，那道地震造成的裂缝始终存在，“三裂三合”更接近于一个美丽的传说。但我们也不必苛求古人，千年古塔裂而不散、震而不垮，唐风古韵聚集、气势风貌依旧，外形有缺而精神倍显，不正是另一种意义上的“雁塔神合”吗！

雁塔“晨钟”为生铁质地，铸于金代明昌三年（1192），口径2.45米，高3.5米，重达8吨。此钟原本是武功崇教寺内之物，因渭河改道，冲毁了寺庙，此钟也不知所终。直到清代康熙年间，一位村妇在河边捶打衣服时听到河底发出的震鸣声，这口消失已久的铁钟才得以重现于世。随后皇帝命人将其悬挂于荐福寺内，悠远的钟声迎来朝霞、送走夕阳，遂为古城一景。据传民国初年，军阀刘镇华部在围困西安的战乱中，曾用炸药将此钟炸出一条8米长的裂缝。1993年，西安市文物管理局成功地对该钟进行了焊接修复，后来它被陈列于钟楼之内加以保护。1997年，为了迎接香港回归，又复制了一口形制相同的新钟，供游客撞击祈福，以再现“雁塔晨钟”的风采。传说清朝末年，有一位妇女来到荐福寺为家人祈祷，她的丈夫戍边多年音信全无、生死不知，方丈让她把写着心愿的黄表纸贴于“晨钟”之上，撞钟祈求，三天后她的丈夫果然平安到家。这个消息不胫而走，远近的居民以此为“神钟”，纷纷前来敲钟祈福。是否确有其事已不得而知，但中华人民共和国成立以后，文物工作者看到的却真是贴满了层层黄纸的大钟。如今那个社会动荡、民不聊生的岁月已经过去，西安博物院每年元旦都要举办隆重的敲钟仪式，为百姓安康祈福，为国家富强祈福，为世界和平祈福。

唐中宗神龙年间，进士张莒在游览慈恩寺时，将自己的名字题写在了大雁塔下，成为文人们的效仿对象。新中进士均以能在大雁塔内题名为荣，即所谓的“雁塔题名”。大诗人白居易27岁时一举中第，写下了“慈恩塔下题名处，十七人中最少年”的诗句，反映出他当时题名的喜悦之情。唐代以后陕、甘两地的举人也效法唐人在雁塔题名，到了明清时期演变为文题大雁塔，武题小雁塔。历史的巧合总是让人感慨万千，武举制度的开创者——女皇武则天，正是荐福寺的奠基人，在小雁塔题名武举意义非凡。荐福寺院内现藏有三通较为重要的明、清题名碑。年代最早的是明万历四十六年（1618）《陕西武举雁塔题名碑》，它记述了当时乡试武举的选拔过程，并从负重、膂力、骑射中择优选取。清康熙二十六年（1687）《题名谱》则镌刻了50位陕西武举中试者的姓名、生源地。道光十一年（1831）《武闱题名碑》中满人中举者只占六分之一，反映出清代中期八旗向绿营军融合的史实。

总之，“雁塔神合”“雁塔晨钟”与“武举题名”都是明清时期荐福寺留给我们的宝贵文化遗产，它记载了那段历史中长安地区的风物人情。这些宝贵的文化遗产中有实物、有传说，有文字、有声音，既有载于史册的荣耀与成就，也有尚需我们继续探究的历史谜题。

丝路遗产

中外交流的明珠

丝绸之路被誉为“东西方文明的交流对话之路”，而长安是这条道路的东方起点。小雁塔不仅位于这座城市的中心，更有幸诞生在中国古代社会的鼎盛之时。从它出现在唐长安城里的那一刻起，就与丝绸之路和中外交流结下了不解之缘。这里的一砖一石凝结着辉煌灿烂的东西方文明，这里的先贤访客铸就了不凡的历史篇章，这里的一草一木见证了古往今来的悠久岁月。

“塔”在古代印度佛教中被称为“窣堵波”，意思是“圆冢”“方坟”，或者“灵庙”，属于佛教的一种建筑形式。佛塔在我国古代常称作“浮屠”，即佛陀（buddha）一词的音译，是埋藏佛陀舍利的地方，因此被视为佛陀涅槃后的化身。“塔”是古代中国人对这种外来建筑的形象化称呼。佛塔最早的形式窣堵波由基坛、半圆形丘顶和顶部装饰“刹”组成。2 世纪以后，印度西北部出现高塔，由塔基、塔身和塔刹组成，塔身自下而上分层递减，每层都设门龛，窣堵波演变为塔顶的装饰。当这种佛塔经丝绸之路传入中国后，便与我国传统建筑相结合，创造出了阁楼式塔。与印度佛塔不同的是，阁楼式塔的内部是中空的，可以登临。到了唐代，建筑师们进一步弱化佛塔的宗教气氛，融入中国人的审美精神与“道不远人”的入世思想，使阁楼式塔脱胎换骨演变为密檐式佛塔。佛塔也因此走出神境，具有了登高望远、震慑邪祟、护佑风水、表彰文风的功能。密檐塔第一层高大雄伟，二层以上楼层间距变小，塔檐紧密相连，具有独特的曲线美和华丽感，小雁塔恰是这类佛塔的经典之作。奇数为阳，在《周易》里有表征天的文化意义，小雁塔平面四方、层级十五，纵奇、横偶不仅体现了阴阳对立统一的哲学观，亦是我国道家思想“道生于一，其贵无偶”在建筑上的特殊应用。

小雁塔北门楣上保存着建塔时所刻的《天人供养图》，它是中西文明

◎ 小雁塔北门楣《天人供养图》刻石拓片

交流中迸发出的另一块瑰宝。门楣为半圆形，一条水平向的卷草纹将图分为上下两栏。上栏以摩尼宝珠为中心，宝珠由悬有铃铛的宝盖托起，盖下宝物由盛开的莲花所护拢，置于托盘之上。左右两侧的飞天分别伸出左、右手，将盛有宝珠的托盘轻轻携起，另一只手则向两侧高高举起果盘。左右两边又各设一手捧果盘的小飞天侍奉在侧。下栏以海石榴为中心，两侧各有一只人头鸟身的迦陵频迦，手捧莲花翩然起舞。整幅图案除去主体象形之外，上栏底纹为云气纹所填满，下栏底纹则为蔓草纹。摩尼宝珠曾被义译为如意，代表着光明，为佛教、祆教、摩尼教共同供奉的宝物。传说摩尼有消除灾难、疾病以及澄清浊水之德，在此用以说明宝珠光洁不为垢秽所染。飞天是以歌舞伎为蓝本，融合了佛教天人、西方天使和道教羽人的中国艺术形象，它的起源与古印度的乾闼婆、紧那罗关系密切。乾闼婆是梵语的音译，意思为乐神，他周身散发香气；紧那罗则是歌神之意。在神话传说中他们一个善歌，一个能舞，形影不离，融洽和谐，是恩爱的夫妻，后来成为佛教天龙八部众神中的天神。随着佛教传入我国，乾闼婆和紧那罗逐渐不分男女，合为一体，化为后世的飞天伎乐。它凭借飘曳的衣裙、飞舞的彩带翱翔于佛国天界，不仅是世界美术史上的一个奇迹，也是中外文化交流的见证。迦陵频迦是佛教中的一种神鸟，人面鸟身，声音美妙动听，婉转如歌，又名妙音鸟。传说释迦牟尼在祇园精舍修行时，迦陵鸟围绕期间，歌舞之音美不可言。“迦陵频曲”被佛祖身边的阿难传播于后世，为“林邑八乐”之一，迦陵频迦的形象也成为佛教常见的装饰纹样。图画中出现的海石榴、都昙鼓、鸡娄鼓等纹样均是经由丝绸之路传入中国的。整幅图画主题突出、层次分明，线条优美流畅，纹饰繁而不冗，为我们营造了一个花香四溢、祥云环绕，远离尘世烦扰，歌舞曼妙的西方净土。飞天与妙音鸟身着长裙，头戴花冠，汉风唐韵显露无遗，体现出盛唐社会的繁荣气象与人们对美好佛国的向往追求。

1300多年前，小雁塔来了一位与鸠摩罗什、真谛和玄奘并称为“四大佛经翻译家”，与法显、玄奘齐名的“西行求法高僧”——义净，担任荐福寺译主。他7岁入齐州城土窟寺研习佛学，15岁仰慕法显、玄奘西游，萌生了前往印度求取真经的想法。671年，义净由广州出发，沿着海上丝绸之路前往印度。20天后到达今天的苏门答腊，驻留6个多月学习佛法。在室利佛逝国国王的支持下，孤身一人前往达末罗瑜国、裸人国。然后从马来半岛南端向西北航行了半个月后抵达印度东北海岸。在此又学习了一年的梵语，才最终到达那烂陀寺，途中历尽艰险，九死一生。此后，义净凭借着自己的信念，克服重重困难，周游印度各处佛教圣址，并在那烂陀寺学习十余年。他在离开祖国25年后，于695年乘船东归，带回金刚座金容一铺，佛骨舍利300粒，梵文经论400部。义净到洛阳时，武则天亲自排驾，迎接于东门之外，礼遇之隆盛超过了玄奘，义净被尊为“三藏法师”。归国后，义净的主要时间就是在荐福寺小雁塔翻译经书，他一生共翻译佛经56部，合230卷。唐中宗评价其为“法门之龙象，凡宇之栋梁”。他所主持的荐福寺译场与慈恩寺、大兴善寺一并被称为“长安三大译场”，是盛唐时期规格和水平最高的研究机构，仅助译人员就有来自7个国家的高僧和学者。此外，义净还将自己的所见所闻汇编成书，著有《大唐西域求法高僧传》和《南海寄归内法传》。前者记录了他在印度和南海旅途中的所见所闻，涉及历史、文化、地理、医药等方面的知识，是研究中外交通、印度及南海一带佛教发展史的重要文献。《大唐西域求法高僧传》则记录了唐初自641年至691年期间，57位僧人到南海和印度各地游历求法的事迹。季羡林先生认为“他是中国佛教史和翻译史上开辟一个新纪元的高僧，是中印文化的传播者，是中印人民友谊的象征，是中国人民的脊梁”。义净除了求学之外，还将中药、针灸带到了所到之处，与大唐西域求法高僧们一道促进了东南亚文化圈的交流与团结，南部各国因此纷纷遣使来唐。小雁塔作为我们追忆、纪念这位高僧大德的圣地，时刻提醒着世人学习法师孜孜求学的态度和不畏艰险求取真经的精神。

历史上还有南印度摩赖耶国人金刚智、康居国人法藏、于阗人实叉难陀、何国人僧伽等多位外国高僧、学者由丝绸之路入唐，暂留于荐福寺之内，在小雁塔下译经、传法、修行、布道。其中有两位高僧对东亚文化作出了突出贡献。一位是“入唐八家”之一、日本佛教天台宗山门派创始人圆仁，他留唐近十年，用汉文写成的《入唐求法巡礼行记》，记载了唐代节日、祭祀、饮食、禁忌习俗等社会生活的方方面面，成为研究唐代历史的宝贵资料。另一位是从中国经“海上丝绸之路”至印度，又取道陆上“丝绸之路”返回中国，能够与玄奘、义净比肩的新罗高僧慧超。他曾在荐福寺师从金刚智进行翻译活动，所著《往五天竺传》是研究8世纪中亚、印度的重要史料。他将一生都贡献给了中韩、中印的文化交流事业。

唐代张彦远在《历代名画记》中记载，当时的绘画名家吴道子、张璪、毕宏等人都曾在荐福寺佛殿或长廊上作画，内容以大铺的经变以及佛祖、菩萨、神鬼、行僧的画像为主。可惜随着历史的变迁，它们早已不见了踪迹。考古发现总是给人意外的惊喜，1972年在小雁塔西南100米处发现了一块唐代维摩诘经变画像石，《历代名画记》中所记吴道子在荐福寺西廊菩提院绘制的正是维摩诘经变，而这块经变画像石表现出的宝缯、帔帛随风而动，与"吴带当风"的特点一致，被学者认为是吴氏的真迹。2005年，还在小雁塔东北30米处发掘出两件隋代的菩萨石像。菩萨石像通体装饰繁复精致的璎珞，可能是荐福寺的原物。

◎ 维摩诘经变画像石拓片

历史上荐福寺曾是帝王将相的祈福之地、高僧访客的学术之院、平民百姓的观"戏"之场，这里收藏过舍利、供奉过佛牙……如今唐代荐福寺早已毁之不存，而小雁塔院内仍存留20余件隋唐时期的附属文物、40余通历代石碑以及10株千年古槐，见证着长安往昔的岁月和丝路文明的辉煌。

中华人民共和国成立后，小雁塔及明清荐福寺建筑群的保护翻开了新篇章。20世纪50年代，荐福寺已无僧人居住，它一度为机关学校所使用，由于条件所限，只能对其进行小规模的维护。殿堂建筑虽然大体保持着明正统年间（1436－1449）的布局，但院落庙宇也大都破落不堪；小雁塔裂缝尚存，三层以上仅余螺旋而上的砖梯。

1957年，西安市文物管理委员会接管荐福寺及小雁塔遗址，开始了中华人民共和国成立以后第一次对小雁塔及明清荐福寺建筑群的保护性维修工作。

1961年，小雁塔被国务院公布为全国第一批文物保护单位。1965年，西安市文物管理委员会对小雁塔进行了全面的勘察和整修，恢复塔基、整修塔身裂缝、加固塔檐和塔角，增装木楼板和楼梯，处理塔顶及排水设备，安装了避雷针。

1980年，小雁塔及明清荐福寺建筑群对外开放。2007年，西安博物院正式建成开放，荐福寺古建筑群成为博物院最重要的遗址保护单元和地标。鉴于小雁塔在中外交流中所处的地位和发挥过的影响，西安博物院于2006年开始为其申报世界文化遗产。

2014年6月22日，在卡塔尔首都多哈召开的第38届世界遗产大会上，由中国、吉尔吉斯斯坦与哈萨克斯坦联合提交的“丝绸之路：长安—天山廊道路网”项目获准列入“世界遗产名录”。小雁塔作为中国境内22处遗址点之一，载入世界文化遗产名单，小雁塔及明清荐福寺建筑群的保护和管理迈上了新台阶。

叁

华夏故都

西安的古代都城文明

第三章 华夏故都：西安的古代都城文明

游览完古朴典雅的小雁塔，在古建筑群的西南方向，能够看到一座由外围的方形馆体和中央的圆形大厅组合而成的仿古式现代化博物馆，它是由中国工程院院士、著名建筑大师张锦秋先生主持设计的，体现了“天圆地方”的传统文化观念。

西安博物院（以下简称“博物院”）现有藏品111457件（套），包括自旧石器时代以来，各个历史时期的金银器、青铜器、玉器、陶瓷器、石雕碑刻、书画碑帖、珍善本古籍等，其中三级以上珍贵文物10441件。院藏古籍10万余册，有37部入选国家珍贵古籍名录。

长安是一座伟大的城市，这里虽然不是华夏文明诞生之初最为耀眼的地方，却制礼作乐，奠定了中国传统文化的基础，成就了“礼仪之邦”的美名；这里虽然不是汉字直接起源的地方，却框定金文、小篆，统一了中国的文字，保障了文明的传播、促进了东亚文化圈的形成；这里虽然被中原视为“西土”，却为“中国”正名，缔造了真正意义上的中国；这里虽然不是历代王朝的首都，却是中华民族历史上几个关键时期的政治、经济、文化中心，保障了民族文化的连续发展，周、秦、汉、唐更是将华夏文明一步步推向世界的巅峰。

文明伊始

从古猿人到黄帝之城

古人云：“不积跬步，无以至千里；不积小流，无以成江海。”长安留下了中华民族“积跬步”的印记，生成了华夏文明的血脉源流。让我们从史前的猿人开始了解那些激动人心的光辉历程。

1963年，中国科学院古脊椎动物与古人类研究所在西安市蓝田县西北10千米处的陈家窝泄湖镇附近考察时，发现了一具老年女性古人类下颌骨化石。1964年，又在县城东16千米处的公王岭发现了一个中年女性头骨化石。其中公王岭的化石年代距今约110万年至115万年，是西安乃至亚洲北部迄今发现的最古老的直立人遗骸。

蓝田猿人前额低平，眉脊粗壮相连成脊，眼眶略呈方形，鼻子短而扁，脑容量仅780毫升。这些特征表明蓝田猿人属于刚刚脱离古猿类不久的古老人类，比北京猿人更为原始。我们一般将蓝田猿人称为“早期直立人”，把北京人称为“晚期直立人”。在与猿人同时的公王岭动物群化石中能见到大熊猫、华南巨貘、苏门羚等南方动物，表明秦岭山脉还在形成之中，蓝田一带气候温暖、湿润，林木茂盛。当时的人类处于旧石器时代，工具以石质的砍砸器、刮削器、大尖状器及石球为主，制作简单，大多不进行修整加工。他们以捕猎野兽，采集果实、种子和块茎为生。

距今6800至6300年，仰韶文化半坡时期的先民在渭河两岸的阶地上繁衍生息，建造了数以百计的原始村落。其中以半坡遗址最为有名，姜寨遗址最为完整。半坡遗址位于西安市浐河东岸，面积约5万平方米。1954—1957年，著名考古学家石兴邦先生先后5次对半坡遗址进行了发掘，发掘面积累计1万平方米。揭露房址45座，窖穴200多个，陶窑6处，墓葬250多座，以及上万件的生产工具和生活用具。半坡遗址居住区位于聚落中部，四周设有壕沟用以防护，沟外北部有墓葬区，东部设有烧造陶器的陶窑。聚落中央设置广场，广场附近建有一座大型房屋作为公共活动场所，其他中小型房屋面向大房，围成居住区。位于西安市临潼区临河东岸第二台地上的姜寨遗址，保存情况较好，布局也较半坡遗址更为清晰，是目前新石器时期仰韶文化最有代表性的氏族村落。整个遗址布局严谨、有条不紊。

西以临河为屏障，北、东、南三面为人工挖掘的防护壕沟，居住区处于聚落中心地带。中央为4000多平方米的大型广场，四周分布着5组建筑群，每组包括一座大型房屋与从属的若干中、小型房屋，可能对应5个不同氏族。遗址有房屋100余间，房门均朝向中心广场。

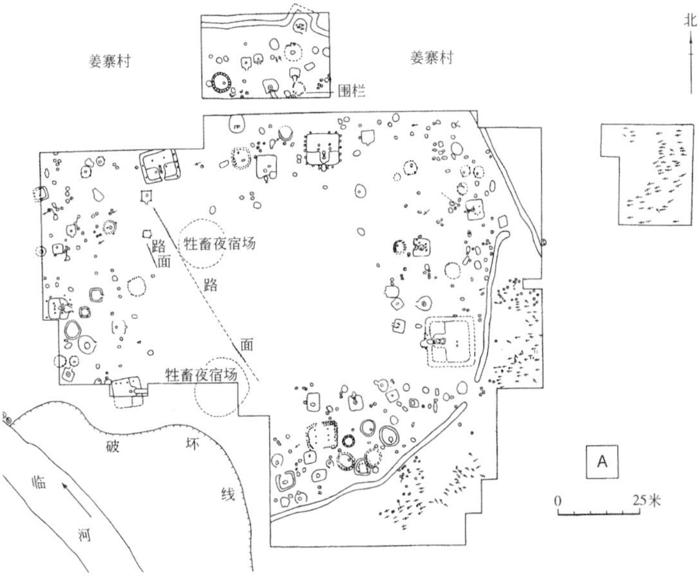

◎ 西安姜寨遗址平面图

大型房屋平面基本为方形，为地面或半地穴式建筑，面积在80平方米以上，向着广场的一侧开有门道，屋内设有灶坑，灶坑两侧至墙边则筑有低矮的土床。中、小型房屋面积一般为20 ~ 60平方米，以半地穴式建筑居多，少数居住面用草泥涂抹并经火烧，地面筑有木骨泥墙。房屋四周有附属的窖穴和儿童瓮棺葬。氏族成员死后一般埋葬在壕沟外围特定的氏族墓地中，小孩不入成人墓地，而是安葬于居址周围的瓮棺中。安葬方式流行单人仰身直肢葬，但合葬墓也占一定比例，合葬的人数并不固定，少则两人，多则几十人。葬制中实行女性厚葬和母子合葬，反映出社会生活以女性为中心的特点。聚落房门统一朝向中心广场的布局，则表明当时维系氏族团结的血缘关系根深蒂固。

农业生产已经成为社会生活的重要组成部分，采用刀耕火种和土地轮休的方式进行生产，生产力水平还比较低下。作物以耐旱的粟、黍为主，当时的人们已经掌握了蔬菜种植技术，在半坡出土的陶罐中曾发现已经炭化的白菜和芥菜之类的种子。人们一般在屋内的罐、瓮中盛放粮食，有些窖穴中粟壳堆积竟达数斗之多。饲养的家畜常见有猪、狗和羊，鸡可能已经被驯化为家禽。

这一时期的工具以磨制石器为主，可分为刀、镰、铲、锄等农业生产工具；磨盘、磨棒等粮食加工工具；刀、斧、锛、凿等木材加工工具；矛、箭头等狩猎工具。陶器制作比较发达，流行彩绘红陶，多采用泥条盘筑法成型，用慢轮修整器物口沿。常见钵、盆、碗、壶、尖底瓶、罐、瓮等器物。

距今6000至5500年，仰韶文化进入庙底沟时期，西安地区的史前聚落发展到一个新的阶段。2004年，在西安市高陵区姬家乡，泾渭交汇西北约4千米的一级台地上，一座足有40个标准足球场大小的古代聚落被世人偶然发现，这是中国考学史上前所未见的事情，它就是杨官寨遗址。杨官寨遗址的总面积超过100万平方米，是目前所知的关中地区仰韶时代中晚期面积最大的遗址之一。这座大型环壕聚落具有特征鲜明的规划设计，遗址平面成规则的梯形，南北平行，东西对称，完全不同于之前借助河流、高地等自然地势布局的传统，开启了中国古代城市规划向格网式布局的先河。

该聚落环壕周长 1945 米，宽 9 ~ 13 米，深 2 ~ 4 米。环壕西侧有一处大门，宽度 2.7 米左右，是挖掘城壕时专门预留的入城过道。大门内侧设有“门房”和排水沟。

遗址的中央建造有储水池，能够集中供水，在便利生活的同时无疑大大增强了聚落抵御外敌入侵的能力。水池面积约 365 平方米，深 3.8 米，容积约为 1000 立方米，附带有 95 米长的排水设施。遗址的东侧、西北角建有取水台阶，西南角还发现给、排水的沟渠遗存。这些成套的给、排水系统是目前所见关中地区最早的人工水利设施。稍晚一些，考古学家还在这座遗址发现了最早的窑洞式房屋。

单从这座聚落环壕和给、排水设施的规模，就能很容易看出建成它们所需要的工程量惊人，已经不是杨官寨这座聚落所能独自承担的了。它的建设显然得依靠周边区域中、小聚落的人力、物力和各类资源。如此庞大而复杂的规划，必定需要一个强有力的执行人统一指挥，暗示着社会权力向少数人集中，社会内部出现阶级分化趋势。遗址中存有成批陶器的窖穴附属于特定的陶窑，说明这些陶器产品为陶窑生产者或专门管理者所拥有，不难想象社会分工与私有制可能已经存在。不少学者通过对遗址规模、社会复杂程度和时空范围的考察，认为这个遗址就是传说中的黄帝之城，是孕育我们华夏文明的摇篮之一，这个发现使西安作为都城的时间能够追溯到 5000 年前。

杨官寨遗址表现出的社会组织形式与之前的氏族社会有着本质的区别，它暗示着城乡分化和私有制的出现，意味着这片土地正在踏入文明的门槛，国家即将诞生。

礼乐丰镐

青铜时代的赫赫宗周

走出史前社会的时空，我们跟随黄帝后裔的支脉——周人，走入青铜时代，去感受礼仪之邦的风采。《史记·周本纪》记载，其始祖弃为帝喾（kù）的元妃姜嫄所生。相传帝喾为黄帝的曾孙，可见周人这个部族在史前的三皇五帝时期就已经出现。他们几经迁徙，生活的区域多与陕西密不可分，在商代晚期逐步兴起于关中西部的周原，最终定鼎于沣河两岸。

“商邑翼翼，四方之极”，当商王朝还沉浸在武丁彰善伐罪、外抚四方的盛世之中时，太王古公亶父则率领周人循漆水、越梁山迁到了岐山之下，在周原这个中原王朝的西部边陲营建城邑、设置官吏、学习先进文化，一步一步发展壮大。谁也不曾想到这个地处西土的小邦将在不久的将来攻破中原的大邑商，尽纳九州之地，建立起强大的王朝，对华夏文明的发展方向产生了决定性的影响。

一、沣水两京

周人的先祖弃自幼好种五谷瓜蔬，成年后善于农耕稼穑，帝尧举其为农师，帝舜时被封于邰地，以“后稷”为号，因姬水而以姬为姓。在甲骨文和早期金文中，“周”字即写作边界齐整的“田”，“稷”为五谷之首，常被视为农业的象征。“周人”与“后稷”的称呼显示出这个部族对农业的重视与擅长。

后稷死后，周人曾因夏后氏忽视农业，失去农师官职而一度流窜于戎狄之间，但从未舍弃本族的稼穑传统。在不到三代人的时间里，公刘率族人迁至豳地（今陕西彬州市及咸阳市旬邑县、长武县境内），周人开垦农田、修整武备，逐渐强大了起来。到了第十三位先公古公亶父之时，周人已经发展成为商王朝西部边疆不可忽视的力量。考古资料显示，商人在关中不仅有岐山京当、西安老牛坡等重要据点，还有崇国这样的盟友，实力不容小觑，这一点仅从制作精美的青铜器上就能窥知一二。

青铜一般指铜、锡、铅合金，我国夏、商、周三代大量使用青铜铸造器物，并赋予其“礼”的社会功用，它的生产与使用得到了国家的倾力支持和强力保障，最能体现国力和文明程度。商人喜好饮酒，青铜酒器种类繁多，常见的器物有觚（gū）、爵、斝（jiǎ）、角、觥（gōng）、尊、瓿（bù）、罍（léi）、盉（hé）、卣（yǒu）等。在所有的青铜礼器组合中，以觚、爵为代表的酒器出现频率最高，它们不仅用于祭祀天地、饮酒作乐，也是社会地位和财富的象征。

商代晚期的青铜觚一般为喇叭形侈口，细颈而小腹，圈足外撇，亦呈喇叭状。“觚”的称呼源自宋代文人的命名，其实并没有什么可靠的根据，加之一直以来未见器物自名，所以觚的名称便沿用了下来。2010年一件自名为同的此形器物出现在大家眼前，我们才知道3000年以前它的真正名字

◎ 饕餮纹觚

商代晚期，西安市长安区丰镐遗址出土。高29.7厘米，口径17厘米

为“同”。字起初没有下部的“口”，是筒、桶一类器物的象形。此外，这件器物的铭文记载了西周成王赐醴酒给内史亳，用以祼（guàn）祭，内史亳不敢怠慢，制作了这件用作祼祭的器物以盛之。日本学者林巳奈夫曾经怀疑过殷商后期铜觚的用途，认为觚口极度外张而腹腔却较小，不适合直接饮酒。该器的铭文无疑明确地回答了相关的疑问。近些年随着其他新资料的出土，更是从细节上揭开了觚的用途之谜。原来在青铜觚的腹部还设有木质的小筒，筒上有漏斗状的塞子，用以盛放瓒。祼祭时浇灌鬯（chàng）酒于瓒之上，因瓒往往高出觚口，所以大侈其口以免鬯酒外洒。祼祭是象征性的，灌酒不必多，故觚之腔体不用太大。祼祭结束后，鬯酒可以倒出赐给亲属以获得祖先保佑。丰镐遗址出土的饕餮觚正是用于祼祭的青铜礼器，可能为周人翦商时所获。该器制作精良，纹饰细致规整，疏密得当，庄严而不失活泼，能够反映出商人的富足与强大。

《诗经·商颂·殷武》曰：“昔有成汤，自彼氐羌，莫敢不来享，莫敢不来王。”这里既透露出商人的自豪，也揭示出商人笃信武力的传统。商代青铜器上常见饕餮纹，它的狰狞代表了商王在无上尊严与权利的基础上对异族部落和被统治阶级的杀伐之气。据统计，自盘庚迁殷之后，甲骨文记载商王征伐过的方国竟有136个之多。对于战争中俘获的奴隶，商人是从不留情的，有关人祭的卜辞接近2000条，甚至不乏单次使用人牲500人的记录。迫于这种压力，古公亶父之子季历一方面臣服于商，并娶商人王族挚氏女为妇；另一方面，组织军事力量打败了西落鬼戎、余无之戎、翳徒之戎等西北地区长期威胁周人的部落，被商朝封为“牧师”。然而商王始终不放心这个西部方国，最终还是杀掉了季历。

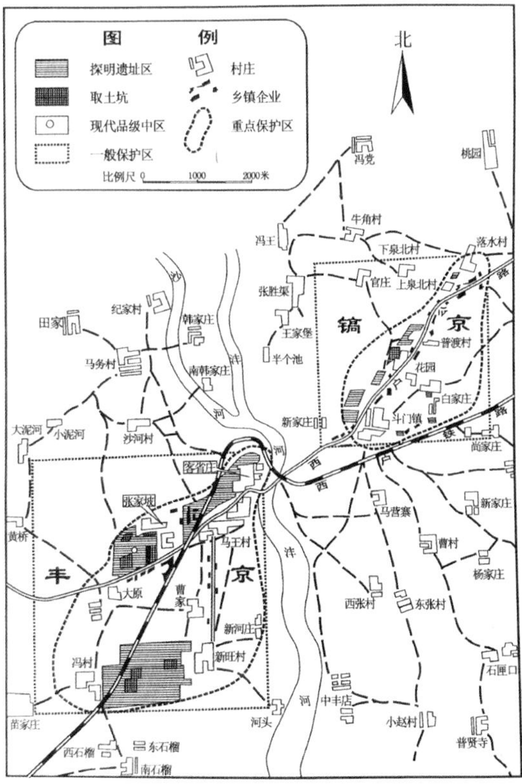

◎ 西周丰、镐遗址平面示意图

季历的儿子姬昌即位后，北伐猃狁、西攘诸夷，继续巩固周人的实力，引起了商王的警觉，曾一度被囚禁在殷都附近的羑里（Yǒulǐ）。商人的蛮横与霸道激发了文王翦商的决心，他重视生产、广罗人才、扩充军备，攻灭了亲商的崇国，并先后讨伐了邘（今河南沁阳市北）、密（今甘肃灵台县）、黎（“耆”，今山西省长治县境）等国，征伐了蜀、巢、楚等地，为灭商事业奠定了基础。前11世纪周文王作邑于沣水西岸，命名新都为“丰京”，号称“西伯”。

周武王即位后，继承文王的遗志，在沣水东岸营建了镐京，准备东进灭商。

周人对自己的都城有一个新的称呼“京”，丰、镐两京自建立之后一直是王朝的政治、经济、文化中心，直到周幽王被犬戎所杀，共历经 11 代 12 王，大约 275 年的时间，史称西周（前 1046—前 771）。丰、镐两地近在咫尺，有舟楫桥梁之便，共同承担着首都的职责，因此总连称在一起。目前丰镐尚未发现城墙遗迹，应是依凭周边的河流与城壕共同构成了城市的安全屏障。无独有偶，位于安阳的殷都也是洹河穿城而过，四周不设城墙，丰、镐的营建理念应或多或少受到大邑商的影响。《淮南子·泰族训》中说“天子得道，守在四夷”，可能它正是华夏民族在早期国家形成的过程中，胸怀九州、包容天下的真实体现。

考古发掘表明，丰京、镐京的总面积约 15 平方千米。2014 年的勘探和发掘，为重新认识与研究丰京遗址聚落布局的演变过程提供了重要线索。考古工作者在丰京中部发现了横贯遗址的古河道，其东北约 100 米处还有一个当时开凿的人工水面——曹寨水面，这是我国最早使用园林水景美化首都的实例。从丰京遗址中先周文化遗存分布的情况来看，如果河道建于西周以前，周文王所建的丰京很可能就在郿邬岭以南、河道以北、灵沼河以东和沣河以西这一四面环水的区域。随着武王建都镐京和人口增加等原因，河道逐渐被废弃，丰京遗址的范围也逐渐扩大。丰京东北部的客省庄、马王村一带高地，目前已发现十余处西周大型建筑基址及附属的陶制排水设施，这可能是西周王室、贵族的宫殿、宗庙区。在丰西发现的车马坑则是我国现存最完好的同类遗存之一，只有高等级贵族才能享用。车马坑的发现对研究当时的礼制、战争、冶金技术等意义非凡。

镐京位于沣河东岸，西周铜器铭文称作“宗周”。西北界临沣水，东界古滈水，南近洨河，也是一处相对密闭的区域。因汉代在建上林苑、昆明池时对其故址造成破坏，导致镐京总体布局不太清晰。根据近年的考古资料，汉昆明池以北的斗门镇、花园村、上泉村、普渡村、落水村、白家庄等地西周遗迹非常丰富，总面积约5平方千米，可能是镐京的重要区域。

两京的宫殿、庙堂及其他重要建筑都应是夯土地基、屋顶覆瓦、讲求对称的院落式建筑。人们常言秦砖汉瓦，其实早在距今4000多年前的新石器时代，我国西北地区就已经开始使用陶瓦。目前最早的瓦出土于延安芦山峁遗址，山西省襄汾县陶寺遗址的宫殿也可见陶瓦的使用痕迹。夏商之时，陶瓦主要用于都城的宫殿建筑。西周时期，陶瓦是高等级建筑的构件，伴随着周文化在全国的扩张，瓦的使用也由丰镐、周原一带的关中地区散布到华北、江汉以及三峡地区，比如新郑郑国祭祀遗址、北京琉璃河遗址、曲阜鲁国故城遗址、襄樊邓城遗址、巫山双堰塘遗址。早期的陶瓦形制多样，一般为泥条盘筑而成，外壁装饰篮纹、绳纹等简单纹样，主要用于铺盖屋脊，

◎ 𩰬𡚬进青铜方鼎
西周早期，西安市长安县（区）斗门镇出土。高23厘米，口长18.2厘米，口宽15厘米，足高8.3厘米

也兼具排水、围护等用途。

周王就是在丰镐两京号令诸侯、奖惩公卿的，具体的史实虽鲜见于古籍，但不少青铜器铭文所载的事件显然就发生在两京。例如歸𢦚进青铜方鼎，其腹内壁铸铭："唯八月辰在乙亥，王在葊京。王赐歸𢦚进金肆奉。对扬王休，用作父辛宝齍，木。"葊京即沣京，这段铭文记述了周王在沣京赐给歸𢦚进金（铜），歸𢦚进为他的父亲辛制作了这件礼器。鼎是古代的炊食器，足下架火烹煮食物。青铜鼎由远古时期的陶鼎演变而来，一般由耸立的双耳、釜形器身和较高的支足组合而成。铜鼎诞生之后，还可盛肉以供祭祀或宴享，成为我国古代最重要的礼器之一，从夏商周三代一直延续到秦汉时期才逐渐退出人们的生活。传说夏王大禹将天下划分为九州，集天下之金铸造出象征九州的九个大鼎，鼎身上镌刻有九州的名山大川、奇异之物。九州从此成为中国的代名词，九鼎则被存于都城之中，成了王权至高无上、国家统一昌盛的象征，历代又将定都或建国称为"定鼎"。

与商人的冲突和较量大大加速了周人的文明进程，武王攻伐商纣之前，周人自己制作的青铜器，其精致程度已经与商人的青铜器难分伯仲。周人的翦商策略也不断取得成功，商人在关中的势力已经荡然无存。此时，商王杀比干、囚箕子，内部矛盾激化，商人长期以来的军事高压政策也使得背叛商朝的方国越来越多，周武王挥师东进、定鼎天下的时机日渐成熟。

二、金戈铁马

前 1048 年，周武王即位的第九年，他以观兵会盟为由东抵黄河渡口。此地是商人能够抵御西土的最后一道天然屏障，由这里渡过黄河能够直插商王在安阳的首都，所以武王会盟实际是在试探各方国对商周发生冲突的反应。结果，许多事先没有得到通知的部落也纷纷加入会盟，大小方国部落首领有800位之多，显示出周王得到了大家拥护，取得了“天命”。这个渡口之后被称为盟津，即今天河南洛阳孟津。

前1046年，武王联合庸、蜀、羌、髳（máo）、纑（lú）、彭、濮（pú）等部族，亲率战车300辆，虎贲3000人、甲士45000人，兴师伐商。在正月甲子日到达商朝首都郊外的牧野。商纣王也派出军队迎敌，但士气低落、心怀异志，临战发生“前徒倒戈”。周人大败商军后攻入朝歌，商纣王自焚身亡，有商一代灭亡，史称武王克殷。《尚书·牧誓》和《逸周书·世俘解》都有对此事发生时间的详细记录，但久以来不为人所信。1976年，西安市临潼区出土了西周武王时期的利簋（guǐ），该青铜器铭文第一句话即是“武王征商，惟甲子朝”，证实了相关记载的真实性。

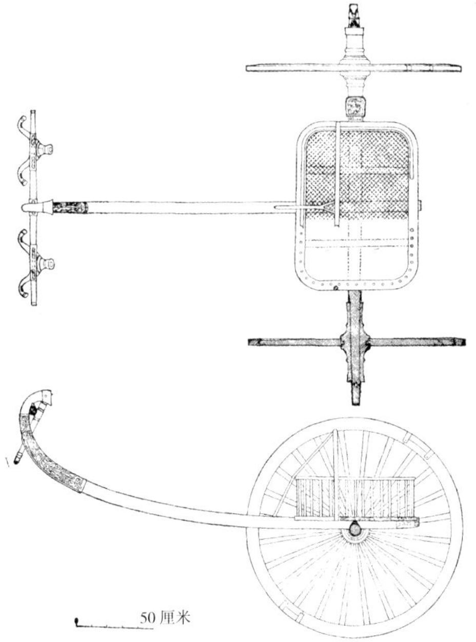

◎ 西周独辀马车示意图

牧野之战商人失败的原因颇多，就作战方式而言，周人主导的联军创造了在战争中首次大规模使用战车的先例，并在战斗中发挥出了巨大威力。《诗经·大雅·大明》记载其时“牧野洋洋，檀车煌煌，驷騵（yuán）彭彭，维师尚父”。车战作为新的战斗方式，在周人的推动下，踏上了历史舞台，并逐渐成为战场上的主角。

《周礼·考工记》载："周人尚舆，故一器而工聚者车为多。"西周的战车为独辀马车，基本结构为一衡、两轭、一辀、两轮、一轴，这种战车用马为偶数。衡为辀前端的横木，其主要功用在于缚轭。轭是缚在衡上的"人"字形驾马器具，套在马的肩前，使畜力通过衡曳引车辆前行。辀是车上最基本的负荷任木，它前与衡和轭相连，后与车轴、车舆（车厢）相固定。车轴上部与舆相连，两端各安置车轮。

常见的青铜车构件有车轙（yǐ）、銮铃、铜軎（wèi）、铜辖、铜踵等。车轙多穿于车衡上，主体一般为长筒形，用以纳衡，筒身多设孔洞以穿钉固定车衡；上部中间设一对左右分置的铜环，用以穿绳绑轭。轙上的两个大环用于贯辔，车衡左右一般各有一件，对称装置。青铜銮铃亦固定于车衡之上，铃体多为扁圆体或圆球体，中空有铃丸，下设长方形高座插于车衡之上。

◎ 蕉叶夔龙纹軎与虎头辖
西周早期，西安市打击走私综合治理办公室移交。
长17.1厘米，宽10厘米

銮铃成对，依靠行车时的晃动发音，给路人以震撼之感。最早出土銮铃的地方是周原，它的流行与周王朝的兴起相吻合，常见于西周时期。軎是安装在车轴两端用来括约和保护轴头的部件，外形略呈长筒形，由内向外逐渐变细，外端封口，軎内端设有槽形穿孔，装辖以固定在轴头上。辖体为扁长方形，可插入軎上的辖孔；下部有一钉孔，用于插销或皮条固定使其不脱。商代軎已用铜制作，当时多用木辖，铜辖很少见；西周以后才普遍使用铜辖。商周时期木质的辀尾部分常常露在车厢之外，这个地方也恰巧是登车时脚部必踏之处，容易损伤。商代时已在辀尾加套铜踵，用以保护；西周早期的铜踵断面呈马蹄形，春秋以后铜踵逐渐消失。

《尉缭子·制谈》说："杀人于百步之外者，弓矢也；杀人于五十步之内者，矛戟也。"商人的作战方式正与此相似，以步兵近战为主。商代晚期虽然已经出现战车，但用于出游、田猎的情况远多于战争。商军的主要装备大多为无胡的直内、曲内、銎（qióng）内戈，戈柄最长不过 1 米有余，前锋有力而上下刃不发达，很难实现长距离钩杀，却适合步战啄击。铜钺、战斧、刀这类砍劈兵器也仅能近战使用。

戈是我国古代特有的兵器，早先用于啄击，后来逐渐演化为钩杀，亦称"勾兵"。我们现在见到的戈大都木柲（bì）已朽，仅剩戈的铜质端头。所谓柲实际就是武器的木质长柄，柲顶上有柲帽，底端套以铜镦。戈头各部分都有专门的称呼，前部用于击杀的锋刃部分称"援"；转折而下的刃部称"胡"；嵌入木柲的援后延长部分称"内"；援末及胡侧起棱以便固定木柲，称之为阑，阑边设有自上而下的穿（穿，孔洞，用来固定器物的把手），可以穿绳将戈系于柲上。商代的青铜戈有直内、曲内、銎内等不同类型，但商戈的援部略短，普遍无胡，主要用于啄击。商代的柳叶形青铜矛，中部起脊，

◎ 曲内青铜戈
商代早中期，西安市大白杨废品回收库征集。长 33.2 厘米

并向左右两边展开形成带刃的矛叶，向前聚集成锐利的尖锋，虽然穿刺力强，但命中率依赖于兵士的格斗技术，不适合车战，亦属于步兵武器。远程的武器主要是弓矢，商周两代均重视“戈镞组合”。甲骨文和金文资料显示，商代晚期射礼已经是王公贵族子弟所应熟悉的基本技能之一了，商王甚至拥有经过专门训练的弓箭手部队。

武王克商两年后就去世了，留下了年幼的成王无法单独理政，就由武王的弟弟周公旦摄政辅佐。留守中原的管叔鲜和蔡叔度出于对周公的怀疑和不满，联合商纣王之子武庚，以及东方的徐、奄、亳姑等起兵反叛。周公旦亲自率领军队东征平叛，耗费了三年时间，才取得了胜利。为了镇抚和加强对东方的统治，周公继承武王的遗愿在瀍（Chán）水东岸营建了雒邑（今洛阳东），也称成周，“中国”一词也出现在营建成周的相关青铜器铭文中。雒邑建成以后，驻有军队八师，这支部队即《诗经》及金文中常常提到的“殷八师”，它与驻扎在京畿的“西六师”共同构成了西周王室的常备军队。此时的周军已经形成了长柄的戟、矛与短柄的戈和弓矢相配合，适合错毂格斗的车战兵器组合。

◎ 刀戈合体戟
西周早中期，西安市文物商店移交。长17.59厘米，宽6.89厘米

周人对兵器的创新与改进格外引人注意，有胡青铜戈就是其中较常见的兵器。胡的出现实现了戈的钩杀功能，在车战中能达到横扫一片的杀伤效果，西周以后戈胡有逐渐加长的趋势。短中胡青铜戈更是不见于商代，确属周人的创新。例如鱼骨纹青铜戈，其主体与三角

援青铜戣（kuí）十分相像。三角援青铜戣是商代晚期四川蜀人常见的兵器，武王伐纣时参加联军的就有蜀，鱼骨纹青铜戈应是周人吸收改进的产物。另一种富有特色的兵器是刀戈合体戟，其实就是在戈的上端铸接刀。这种武器前锋锐利，援部向下的戈胡、向上分出的竖刀都有刃，其顶端与胡底间设侧阑及穿孔，便于绑缚戈柲。刀戈合体戟兼具钩杀、啄击、劈砍等诸多功能，是周人对商代同类武器的改良。其他的武器还有铜钺、铜斧、銎孔刀等，共同构成了周人的作战武器系统。

《谷梁传·庄公·二十五年》载："天子救日，置五麾，陈五兵五鼓。"范宁注："五兵：矛、戟、钺、楯、弓矢。"这是王朝高级显贵所使用的兵器组合，普通贵族则因为地位与拥有财富的不同，会在五兵的数量和种类上有所差异。西周的戈、戟和钺上常常饰有兽面、虎、夔龙、蛇等纹饰，多数纹饰的面部朝向兵器的刃或前锋，以给敌人造成强烈的视觉恐吓。战士们生前全副武装，在战场上与敌人进行殊死较量，死后也要将使用过的兵器随葬在身边。关中地区，有近一半的西周墓葬及车马坑存在毁兵习俗，尤其是戈，有相当数量的戈被砸弯，甚至砸断。商周两朝亦不乏女性参与战争的实例。甲骨卜辞表明，武丁的配偶妇好多次受命代商王征集兵员，参加并指挥对土方、巴方、夷方等周边方国的征伐战争。关中的少陵西周墓地，发现7座女性墓葬随葬兵器，可见周人尚武并不局限于男子，妇女也有驰骋疆场的权利。

西周时期一个师一万余人，军队以战车为战斗单元，每车配两匹马、两名驭者、十名徒兵（步兵）。军官由各级贵族担任，车兵即甲士，由国人担任，徒兵则从庶人中征调。"两师"的军队跟随周王南征北战，既有得胜荣归故里的喜悦，也遭遇过全军覆没埋骨他乡的悲痛。据《竹书纪年》记载，周昭王十九年（前977），他亲率大军南征荆楚时，遭遇天灾地震，

◎ 䜌簋
西周早期，西安市长安区斗门镇花园村出土。高27.1厘米，口径21.6厘米

西六师尽丧，昭王本人也在回师途中死于汉水。博物院就收藏有一件与周王南征有关的青铜簋——䜌簋。这件青铜簋所饰的凤鸟纹较为惹人注意。双耳是一对圆雕凤鸟，昂首高冠，钩喙收翅，形象生动，比较写实。青铜簋颈部前后正中设两个小兽首，饰一周垂冠回首小凤鸟；器腹又饰两个垂冠回首大凤鸟；方座每面的上下边缘饰长尾鸟纹，两边饰小立鸟。腹内底部铸有铭文，3行18字："唯九月，𨾩叔从王员征楚荆，才（在）成周，䜌乍（作）宝簋。"这是𨾩叔（䜌）为了纪念跟随周王征伐楚荆这件事而专门制作的。

䜌簋的凤鸟优美华丽，举首欲鸣、振翅欲飞，给人以美的享受，它代表了与饕餮纹不同的社会文化取向。鸟因以羽翼庇护周人的始祖弃而为周人所尊崇，但它不同于商人那只代表上帝的玄鸟，而是飞入人世给人以保护的凤鸟。凤鸟的出现不仅仅体现了“礼”性，也是周人“敬天保民”思想的反映，它预示着一个新时代的到来。

三、礼行乐施

中华文明不仅历史悠久、文化灿烂，更是以“礼仪之邦”著称于世，很早就形成了一套完整的礼仪规范和道德准则。子曰：“周监于二代，郁郁乎文哉！吾从周。”孔子认为周代的礼仪制度参考了夏、商两朝，是最具魅力的规范体系，他甚至毕生都在为重建周礼而努力，而这个制礼作乐的创始人就是周公旦。

这不是一种巧合，而是周人长期面对商王朝武力杀伐与暴力压制的统治模式，经过慎重反思所作出的历史性抉择。早在文王时代“礼”化作用就已经深入周人的生活，“敬天保民”的思想日益成形。“虞芮之讼”中，本因田地争端而找文王仲裁的虞、芮两国国君，在见识到周人礼让质朴的民风后竟羞于争讼，以礼让的方式化解了矛盾。灭商以后，面对骤然扩大的王国疆域和东方的叛乱，周公更是意识到礼行乐施的重要作用，没有“礼”法昭示的尊卑恭谦，臣子就会犯上作乱；离开了“乐”律的人心教化，生民就不能形成高尚的品格。只有礼乐相辅相成，国家才能长治久安。礼乐的教化作用是由表及里的，它通过规范人的外在行为来规范内心，包含着至高的道德准则和精神期许。虽然西周以后礼崩乐坏，但是礼乐精神却深深根植在人们心中，周礼的精华也融入我们民族的血液，成为中国传统文化的基石。

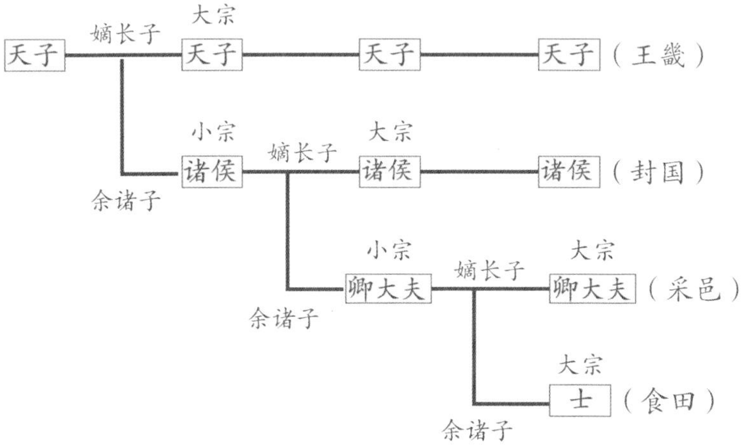

◎ 西周宗法制与分封制关系示意图

西周的礼乐文明是建立在宗法制和分封制基础之上的。宗法制是一种以父系血缘关系亲疏为准绳的“嫡长子继承制”；分封制则按照血缘或政治亲疏关系将诸侯分封到远近各地，构成周王室的屏障。这样就把华夏诸部纳入以周天子为中心的宗法系统之中，形成“溥天之下，莫非王土；率土之滨，莫非王臣”的局面，保障了中华文明的延续性，缔造了真正意义上的华夏王国，为后世中国的形成奠定了政治、心理、疆域基础。

除了《仪礼》《礼记》等文献记载的祭祀、朝觐、封国、巡狩、丧葬等程序之外，“礼”对周人最为直观的影响就是聚族而居、序民守规。日常生活中的用鼎、乐悬、车骑、服饰、佩玉等都有等级制度的规范可循。其中最为人熟知的就是“天子九鼎、诸侯七鼎、大夫五鼎、元士三鼎或一鼎”，簋以偶数与鼎配合使用，自九鼎八簋以降。

商朝贵族喜好饮酒，以成套的青铜酒器彰显自己的荣耀与财富，死后随葬大量的酒器在自己身边。商代晚期酗酒靡然成风，近年的科学分析表明，

◎ 勾连云雷纹铜鼎

西周早期，西安市长安区新旺村丰镐遗址出土。高85.5厘米，口径66.7厘米

商末贵族长期使用含铅量较高的青铜器饮酒，可能对统治阶层的体质产生了难以估量的损害。铅通过肠道吸收，分布在血液、软组织和骨骼中，造成中毒，使人的智力、视觉、记忆、反应与语言能力受损，不少学者甚至认为牧野之战中的“前徒倒戈”，罪魁祸首正是战斗人员长期饮酒、身中铅毒所致。3000 年前的古代科技当然还不能完全揭示饮酒与身体健康之间的关系，但是周人将酗酒视为殷商亡国的原因之一确是不争的史实。《尚书》里甚至保留有周王的禁酒令——《酒诰》，西周建立以后青铜酒器也因此大幅减少。周人重农，与农业相关的炊器、食器组合取代酒器成为公卿显贵身份与地位的新标识，其中以鼎最为重要。成套的铜鼎与社会等级密切关联，是祭祀、宴饮不可或缺的礼仪重器，而周王室的九鼎更是国家权利的象征。春秋时期周王室衰微，诸侯争霸，楚庄王借口讨伐陆浑之机，陈兵于东周首都洛阳南郊，并询问王室大臣王孙满周鼎之大小轻重。王孙满委婉地说：

“周德虽衰，天命未改。鼎之轻重，未可问也。”鼎的轻重虽然没有问成，但楚庄王力挫中原霸主晋国，饮马黄河威震中原，受到了周天子的慰劳，已经实现了自己称霸的梦想，于是就留下了“问鼎中原”的典故。

作为礼制重器，铜鼎上也常常铸刻铭文，记录鼎主人自己家族的光荣事迹，有些铭文甚至从西周建国之初一直叙述到西周末年，涉及家族十余代，成为我们了解西周宗法社会的重要资料。比如善夫吉父鼎，其腹内壁有3行16字铭文：“善夫吉父乍（作）鼎，其万年子子孙孙永宝用。”文字虽少，但却能同陕西省扶风县任家村1940年以来发现的鼎、鬲（lì）、簠（fǔ）、盂等16件“善夫吉父”铜器凑成一套。这些铜器年代相近、铭文称谓相同，显然是指同一个人。根据学者的研究，吉父其人确实背景不凡，他与大、小克鼎在内的“克器群”“仲义父器群”“梁其器群”有直接关联。克鼎中的克（仲义父）出生于名门贵族，属于华氏家族的小宗，其父后仲，其祖考伯以及曾祖师华父均担任过大师（太师）的职位。克先继承了其父的师职，又晋升为善夫。后来，克的儿子梁其承袭了善夫之职。除了名以外，古人的称谓还有字、号，而这个梁其的字正是“吉父”。一家五代人世卿世禄，在政治仕途上还得到来自周王公卿华氏本家的庇护与提携，生动地反映出宗族意识与宗法制度在西周社会中的重要作用。

周人的宗法制度有渊源可溯，商末周初的青铜器铭文有不少放置于“亞”字形框内，如亞父辛鬲。“父辛”二字在图像化“亞”字内。学者们对商代的“亞”字问题探讨较多，一般认为“亞”最初具有“次”的含义，后来仅表示宗族分支符号。“亞某”为氏族名称，表示比本宗次一级的分支，亦指代“某”氏这一支族的族长。“亞某”铭器是成套的，它们作为祭祀用礼器多放置于该宗氏的宗庙，或者在宗族宴飨时使用。“亞父辛”正是商人这种宗族传统延续到西周初期的表现。鬲是中国古代一种煮饭用的炊

◎ 亞父辛鬲
西周早期，西安市征集，
高14.2厘米，口径10.6厘米

器，功能与鼎相近，下体分裆是其显著的外形特征，铸刻有氏族名称的铜鬲当然也是重要的礼器。

西周时与鼎相配的青铜礼器是簋，簋是一种盛食器。鼎用以盛肉，簋则用以盛黍、稷。在新石器时代就已经出现了陶簋，但还不是特定的礼器。青铜簋最早发现于商代，早期多有圈足而无耳，后来双耳簋开始逐渐增多。及至西周，因为与鼎共同构成基本的礼器组合而盛行不衰，这一时期还出现了带有方座或四耳的铜簋，器型雄壮、饰纹精致，体现出周人作为天下宗主的自豪感和自信心。

炊食器中还有青铜甗（yǎn）比较常见，这种器物由上部的甑和下部的鬲合铸而成，甑的腰部内底置一活箅，箅中部多有十字形孔。也有甑、鬲分铸，组合使用的情况。甗上部的甑，可置食物以蒸之；下部的鬲，用以盛水；中间以箅相隔，利用蒸汽烹饪食物。铜甗也是仿自新石器时代就已出现的陶甗，主要流行于商代至秦汉。

西周立国之初，大型青铜器上的纹饰继承了商代的主流纹样，以饕餮、龙纹和鸟纹最为常见。随着青铜器的广泛使用和铭文的流行，这些纹饰也删繁就简，在饕餮纹和象鼻龙纹的基础上，周人发展出了自己的典型纹饰——窃曲纹。彭裕商先生将窃曲纹按照有无眼睛（纹饰中有无突出的圆点）划分为无目和有目两种，无目窃曲为饕餮纹演变而来，有目窃曲则源于象鼻龙纹。另一种出现在西周时期的常见纹饰为环带纹，亦称为波曲纹，像一道波浪线，有波峰有波谷，并常在峰、谷间装饰口形纹、眉形纹或龙纹、兽面纹，一般认为这种纹饰是由单首双身龙纹的简化形式演变而来。环带纹多作为主体纹样装饰于鼎、簋、盂等大型器物的腹部及车马器上，其中以壶上的装饰位置最为多样，壶冠、口沿、颈部、壶身、圈足都有可能见到。这种纹饰出现于西周中期，春秋早期发展到顶峰，春秋中期后逐渐衰落。

西周虽然禁酒，但在宴飨、祭祀等重要的社交礼仪活动中，酒和酒器依然发挥着不可替代的作用。爵、觚、觯（zhì）、斝、尊、觥、卣、壶等商代常见的器物在周初依然被使用，不过受到周礼的影响，以爵、觚为核心的传统酒器组合正在悄然地发生变化。西周成王六年（前 1037），周公“制礼作乐”正式确立周礼，《礼记·礼器》记载：“有小为贵者。宗庙之祭，贵者献以爵，贱者献以散。尊者举觯，卑者举角。”这次变革使小巧的觯成为周人的新宠，觚的地位被青铜觯全面取代，爵、觯搭配成新王朝的酒器核心。及至穆恭时期，以重食为特点的西周文明最终确立，又一场礼制改革拉开了序幕，

◎ 㠱父乙觯

西周早期，西安市大白杨废品回收库征集。高19厘米，口径8.3厘米

酒器几乎被全部排挤出“礼法”规范，除壶、盉等少数器物转为水器外，酒器在西周一朝彻底衰落，难觅踪迹。

在鼎、簋以及酒器之外，祭祀也好，生活也罢，都离不开盥洗用的水器，比如青铜盘、青铜匜（yí），它们同样是周人标识身份、区分尊卑的礼器，并非所有贵族都能够使用。盘是商周时期的盛水之器，多与匜配合使用，用于沃盥之礼。文献中也有祭祀时用盘盛血的记载。这类器物出现于商代早期，但商盘多无双耳，西周时开始在盘两侧加装附耳。匜则出现于西周中期偏晚，其特点是瓢形带鋬（pàn），下承四足。早期用以调酒兼具温酒功能的青铜盉，在西周礼制改革之后常与盘共出，可能也已转变为盥洗用的盛水器。盘、匜作为大型青铜礼器，与鼎、簋这类重器一样，往往也被使用者铸刻自己引以为荣的事迹，传之于后世。吕服余盘就记载了吕服余受周王封赏的经历。该器铭文6行66字：“惟正二月初吉甲寅，备中内右吕服余。王曰‘服余！令女（汝）更乃祖考事，足备中六𠂤服，锡（赐）女（汝）赤巿、幽黄、攸勒、旂’。吕服余敢对扬天（子）不显休令，用作宝盘盉，其子子孙孙永保用。”从铭文中我们得知，吕服余在备仲的带领下觐见了周王，周王命令他继承父祖辈的职务，帮助备仲管理宗周六师的服役之人，并给予蔽膝、绶带、马笼头等赏赐。

◎ 吕服余盘
西周中期，陕西省三原县出土。高15.7厘米，口径37.8厘米

《礼记》上说："乐至则无怨，礼至则不争，揖让而治天下者，礼乐之谓也。暴民不作，诸侯宾服，兵革不试，五刑不用，百姓无患，天子不怒，如此则乐达矣。合父子之亲，明长幼之序，以敬四海之内，天子如此，则礼行矣。"西周的"乐"与"礼"相辅相成，既是愉悦生活的方式，也是标示礼法、引导社会思想道德风潮的途径与制度。"簠簋俎豆，制度文章，礼之器也。""钟鼓管磬，羽龠（yuè）干戚，乐之器也。"如同礼制离不开礼器一样，乐制也离不开乐器。有周一代最为重要的乐器莫过于青铜钟，不论是庙堂祭祀还是婚冠丧祭，抑或战争外交、宴飨宾朋，它都发挥着重要的作用。钟是西周时期在陕西关中地区出现的乐器，目前学者们认为它起源于南方的商铙。西周早期三件一组的甬钟虽然已是高级贵族的标志，但铜钟之间还没有形成固定的音阶规律，编钟制度尚在形成之初。西周晚期，钟右鼓出现第二基音标志（一个钟体可以发两个音），八件成组的编钟具备一定的音阶规律，音域已达三个八度加一个三度。至此，编钟制度才得以确立，成为表明尊卑的标志。

编钟虽有甬钟、镈（bó）钟之别，但都是合瓦形钟体，其悬挂的方式与数量是有严格等级规范的。《周礼·春官·小胥》记载："正乐县（通悬）之位，王宫县，诸侯轩县，卿大夫判县，士特县。"郑玄注曰："乐县，谓钟磬之属县于筍簴（sǔn jù）者。"郑司农又云："宫县，四面县；轩县，去其一面；判县，又去其一面；特县，又去其一面。四面象宫室，四面有墙，故谓之宫县。轩县三面，其形曲。……轩县去南面，辟王也。判县左右之合，又空北面。特县县于东方，或于阶间而已。"也就是说，周王所用乐悬为"宫县"，"钟磬之属"的乐器悬挂四面，像宫墙四面围堵的形状。诸侯则用"轩县"，撤去南面的乐悬，以示对王的尊敬，形成曲形，故又称为"曲县"。卿大夫之乐，为"判县"，只用东、西两面，左右相合。士之乐，用"特县"，悬于东方，或于阶间而已。西周时期，乐悬等级制度刚刚萌芽，所见的考古材料中虽然与文献记载不尽相同，但是编钟数量使用的多寡与使用者身份的高低确实是呈正相关的。周公旦之子伯禽是鲁国的首封君，因此鲁国既是姬姓“宗邦”，也是周礼的保存者和实施者，世人称“周礼尽在鲁矣”。《左传·襄公二十九年》载，春秋时吴国公子季札到鲁国，鲁襄公邀请他一同欣赏《唐》《大雅》《魏》和《招箾》（箾，xiāo）等一系列周乐。在欣赏的过程中，季札心驰神往，由衷地体会到周文明的庄严、大气，连连称赞“观止矣”，所谓“叹为观止”即由此而来。

◎ 青铜甬钟

西周晚期，西安市长安区沣西遗址马王村出土。高48厘米，铣间28厘米

周公制礼作乐距离今天已经3000多年，早在春秋战国时期就已经“礼崩乐坏”，之后的岁月变迁更是将“礼乐制度”湮没在历史的长河之中，以至于生活在现代社会的我们对周礼的感觉相当陌生。其实周人的“礼乐”精神已经融入中华民族的文化血脉，它就在我们身边，陪伴着华夏文明不断发展壮大。比如大家邀请朋友喝酒吃饭，从邀约、回复、迎请宾朋，到入席就座、问候寒暄、推杯换盏，乃至喝到何

种程度，致谢、由谁埋单、送客，过后答谢，这一整套的程序过程与所遵循的礼仪规范，甚至谦辞用语几乎就是3000多年前西周贵族宴请同僚贵宾的场景再现。无怪乎在《论语》中，孔子常常希望自己能够梦见周公，希望有朝一日他梦中的那个礼仪之邦能够成为现实。

四、瑞玉佑德

玉作为美石很早就被我国的原始先民视为沟通人神的媒介，出于原始宗教信仰的目的，史前社会的诸多文明都曾大规模地生产、使用过玉器，夏商两代继承了先贤创立的玉文化传统。西周伊始，“敬天保民”的德治思想取代了“先事鬼神”的神治观念，玉器被赋予更加丰富的礼制内涵，成为“礼乐制度”的载体。上至祭拜天地，下到封官拜爵，玉器的使用都要遵从一定的礼仪规范。

《周礼·春官·大宗伯》载，周人“以苍璧礼天、黄琮礼地、青圭礼东方、赤璋礼南方、白琥礼西方、玄璜礼北方”。璧、琮、圭、璋、璜、琥又被称为六器或瑞玉，考古资料显示有周一代祭祀以圭、璧、璋使用较为常见，琮、璜则数量有限。这些玉器还能在一定程度上标识使用者的身份，如《周礼》规定：“王执镇圭，公执桓圭，侯执信圭，伯执躬圭，子执穀璧，男执蒲璧。”祭祀用圭、璧在古籍中有例可循，《尚书·金縢》记载，周武王身患重病时，周公曾为武王的健康占卜并求祈于鬼神。他植璧、秉圭告白于先王的神灵，发誓说如果先王们允诺了他的祈求，就奉献玉璧和玉圭祭祀他们。《诗经·大雅·云汉》中也提及用圭、璧祈求鬼神消灾去祸，并对用尽圭璧诚心敬事鬼神却未得到丝毫响应之事哀叹不已。

夏鼐先生曾考证出圭是条形片状、有三角形尖首的玉器。西周早期到西周中期前段是周代用玉制度的萌芽期，“民俗性”的器物常见，具有等级意义的大型玉圭比较罕见；大型玉圭出现并盛行要到西周中期后段之后，即周代用玉制度趋于成熟的时期。考古发现的小型玉戈在形态上与圭往往很难区别，有些戈甚至就做成圭状。有学者提出圭璋可能是从石戈演变而来的，夏鼐先生也认为“玉圭……实际上是武器类的戈”。大量的出土数据显示，《周礼》中所说的礼瑞之圭在现实中往往以玉戈代替，西周中期之前的玉戈可能即是当时的“命圭”。这种玉戈外形与商代的直内无胡青铜戈基本一致，前锋有尖带刃，中部起脊，援阔而微曲，内作长方形。

西周玉璧多呈扁平圆环形，中部有圆孔；璧面切割平整，璧体厚度均匀；内孔形状规整，采用对钻成形。《尔雅·释器》称璧“肉（环状器体）倍于好（孔部）”，这是后人比较理想的说法，从目前出土的古物来看，学者们倾向于多数扁环状玉器都可以归为璧，肉、好之别意义不大。享献时常用饰以隆起弦纹的瑑（zhuàn）璧，大型玉璧一般素白无饰，属于礼仪用器，小型玉璧则饰有龙、凤等寓意吉祥的线状纹饰，用以日常佩戴。

玉璋是顶端斜刃，尾部减窄，下部设牙，形似刀状的扁平长方体。璋的顶端为斜锐角，形似尖圭的半边，即东汉许慎在《说文解字》中说的“半圭为璋”。《周礼·春官宗伯·大宗伯》记载以赤璋礼南方，《周礼·春官宗伯·典瑞》则云：“璋邸射，以祀山川。”玉璋在上古是礼器，《礼记·郊特牲》中记载：“周人尚臭……灌以圭璋，用玉气也。既灌，然后迎牲，致阴气也。”即在祼祭时使用圭璋可以凭借玉器的通神之力帮助秬鬯（秬鬯，jù chàng，一种专门用于祭祀的香酒）之香气达于地下，招致黄泉下的祖先降临祭祀场所。《周礼》中所记载的“璋”，在考古发现中还未找到与之完全对应的实物，李零先生根据出土的两件秦骃祷病玉版，推测书写诅楚文的石璋形态可能为版牍形制，这对于我们了解周代玉璋的形态启发颇多，而西周时期的玉璋是否如古文献中所述的用于祼酒，还有待考古发现的证实。

玉琮产生于新石器中晚期，是一种内圆外方的筒型玉礼器，两端作管状延伸，外方四个角接近直角。从古文献的记载来看，玉琮除了作为祭祀天地的礼器外，还是贵族持有或交往的信物。比如《公羊传·定公八年》所记："琮以发兵。"《仪礼·聘礼》所载："聘于夫人用璋，享用琮。"《周礼·春官宗伯·典瑞》云："驵圭、璋、璧、琮、琥璜之渠眉，疏璧琮以敛尸。"可见琮还用于丧葬。近代考察玉琮功用的学者颇多，观点也不尽相同。大致有以下几种：①代表穴居的烟筒，也是家族祭祀的对象；②观测天象的玉衡，或者织机上的部件，也可能为古代射箭时用的辅助工具；③源自装饰品石环，或由手镯演变而来，或是腰际佩件；④象征女性器官，或男根与女阴，即与祖先崇拜相关的性器对象；⑤张光直先生认为，琮象征天地的贯串，是中国古代宇宙观与通天地行为的象征物，也有学者在此基础上将琮视为通天地的法器。

◎ 青玉琮
西周，西安市文物商店移交。高5.4厘米，宽6.8厘米，口径5.4厘米

玉还被赋予君子应该具备的美德，讲究君子无故玉不去身。佩玉不仅成为王公贵族的时尚，更是生前死后一整套礼制行为规范的体现。除了瑞玉之外，贵族们穿戴装饰的玉器从头到脚一应俱全，还可按佩戴部位细分为发饰、头饰、耳饰、颈饰、胸饰、臂饰、手饰、腰饰等。颈部、胸部的玉佩是最能吸引人的饰品，或垂于胸前，或挂于肩侧，往往由玉璜、玉牌、玉蚕、玉龙、玉珠、玛瑙珠、料珠等小配件串成组玉配。头部一般还配有

玉发饰、玉耳饰，包括发笄，璧、环、管、琮等中空形器，以及鱼、鸟等动物形发饰；耳部饰以玉玦。除了组玉配之外，周人还喜欢在肩膀、腰部、后背、腿部佩戴动物形玉饰。比如虎形玉佩、蚕形玉佩、蝉形玉佩，以及玉觿（xī）等。

《说文解字》曰："璜半璧也。"《搜神记》载称："孔子修《春秋》，制《孝经》。既成，孔子斋戒，向北斗星而拜，告备于天。乃有赤气若虹，自上而下，化为玉璜。"一般认为半璧、半瑗、半环的弧形玉器即是璜，这种玉器在距今 7000 年的新石器时代已经出现。西周的玉璜按照纹饰的有无和内容可分为素面、龙纹、鱼纹、鸟纹、人形、虎纹璜。根据《周礼》《白虎通义》《礼记》等文献的记载，玉璜用于礼北方；亦是杂佩中的一种；可作"币"，天子用以赐给诸侯或众民。玉璜也可象征雨后的彩虹、阳气，进而引申为万物生长运动，化为雨水等吉祥意兆。除了用作配饰，璜也用作记载誓词或象征财富。考古发现的玉璜并非祭祀用具，而是西周组玉佩中的构件，它的使用情况取决于佩玉的组合方式，女性用组玉佩的数量和种类远比男性为多，因此玉璜是高等级贵族的装饰品。

◎ 龙纹玉璜
西周，西安市长安区沣西铜钢厂出土。长8.5厘米，宽2.4厘米

玉琥或许就是指玉质虎形器、虎纹器，虽然在《周礼》《说文》中均有记载，但具体为何物，自清代以来争议较多。西周发现的这类玉器或用于随葬，或用于玩赏，或缀于组佩用作装饰，尚不见其作为礼器的蛛丝马迹。

夏鼐先生认为琥是最后加入瑞玉类的器物，使“五瑞”成为“六瑞”，以白虎的身份可礼西方，以虎符的身份可以发兵。白虎的信仰与虎符的使用都是东周时才盛行的，玉琥用作礼器实属后人对此类器物寄托的美好期许。

五、吉金铸史

我们现在使用的汉字，大致能追溯到史前时期。多数学者认为山西省襄汾县，距今4000多年前，龙山文化陶寺遗址发现的陶文，是目前能够追溯的最古老的汉字。经过中原文明的传承与完善，到商代时甲骨文已经演变为相当成熟的文字系统了，具有规律的造字规范和系统的语法原则。迄今发现的商代带字甲骨约15万片，单字4000多个，已考释并为学界公认的近1700个字。但这些刻画在兽骨和龟甲上的文字绝大多数是与求神问卜相关的记录，格式固定、语句简单、文字内容限定性强，并不是当时流行的生活用语。甲骨文的刻字受到书写工具的影响，线条化明显，字形僵化带有变形，与商人在现实生活中用毛笔书写的字体存在一定差异。可惜这些毛笔书写的材料没能够保存下来，更多的细节今人还无从得知。

商代在青铜器上铸造文字的技术已趋于成熟，这些字形更接近于当时人们的书写实际，甚至是美化了的实用字体。不过，商代青铜器上的铭文颇少，多是以族徽文字为主的单字，直到商代晚期才能偶尔见到几十字构成的记事铭文。

商末周初的青铜器上，经常能见到亲属称谓加十干的铭文，比如“父某”“祖某”“母某”“妣某”等，我们称之为日名。日名字数虽少，但其所反映的文化内涵却不简单。商代之时以“甲、乙、丙、丁、戊、己、庚、辛、壬、癸”这十个天干，与“子、丑、寅、卯、辰、巳、午、未、申、酉、戌、亥”十二个地支相配纪日已成为定制，卜辞中往往先举“日”期，再记事件。日本学者贝塚茂树认为这种纪日方式与商人对太阳的崇拜有关，即商人以为人世间所发生之事都在太阳的支配下，因此在记述这些事情的时候，必须首先把十干记清楚。自上甲开始商王以日名为号，后来日名也用于王族成员。上文中所说的“父某”“母某”用以表示长辈，“父（母）”后的天干名一般为其死后祭祀时的名号。虽然日名干支的选择仍属学术界有待进一步解答的谜题，但以死亡之日作为日名干支无疑是选择标准之一。青铜器铭文中的日名前还可以加族名，如㠱父癸豆，㠱就是商代较为常见的族名之一。商王的日名在某种程度上讲，是西周以后我国统治者使用谥号制度的序曲。张懋镕先生在《周人不用日名说》中将商、周谥号变革问题论述得相当透彻：“殷人用日名而周人不用，并导致日名制度从中国历史舞台上消失，反映了周人对商代文化制度改革的成功。之所以成功，在于殷人用十干为名，表现了‘尚质’的原始风貌；而周人以美称为谥号的‘尚文’风范，更符合社会进步的需要和历史发展的趋势。”

商代晚期的记事铭文已经具有彰显功德的趋向，它们的体例和内容为西周金文的制作提供了模仿和参考的对象。僕（仆）麻卣正是这样一件青铜器，器内底铭文：“戈北单册。壬寅，州子曰：‘僕（仆）麻，余易（锡）帛、囊贝，蔑女（汝），王休二朋’；用乍（作）父辛隮（尊）。”“戈北单册”是族名文字，包含戈、北单等已知的氏族，表明做器者是这几个家族的共同后裔。僕是职官名，即驾车的御者；麻为人名。这段铭文记述了州子（王朝大臣）对下属仆麻进行的奖励（可能是因为僕麻为王驾车，博得了王的欢心），并将王的赏赐颁给他。该器铭文整齐秀丽，笔画粗细均匀、疏密有致，但仍见个别字的波磔（右下捺笔）、肥笔及象形笔画，就整体而言字的大小并不完全一致，是商末周初典型的金文“书写”风格。

◎ 僕麻卣

商末周初，西安市长安区沣西兴旺村出土。通高33厘米，口径15厘米×13厘米，腹径26.3厘米×19厘米，底径17厘米×14厘米

从西周建国开始，青铜器上的铭文日渐增多，单件铜器铸字几十、几百，甚至数器连铭。周人的铭文内容以歌颂做器者或祖先的丰功伟绩、功德勋烈为主，铸于器上传给后世子孙。这些铭文所记的事情比较庞杂，涉及分封册命、祭祀典礼、社会管理、法律纠纷、宗族宗法、土地制度、军事外交等等，不少事迹能与古文献上的记载互相印证，具有很高的历史文化价值。

西周青铜器上的铭文有比较固定的格式，一般以时间、地点、人物、事件、颂词、做器者及做器目的为先后次序，依次行文；也可以省略其中若干项目，只保留做器者和做器目的。卫簋铭是一篇符合格式，要素齐全的赏赐铭文，这种赏赐一般发生在周王给予大臣册命或训诰之后。卫簋簋盖和腹心铭文内容相同，大意为某年八月初吉丁亥这一天，王在康宫，卫由荣伯引导觐见周王。周王此前已经对卫进行了册命，这次又赏赐卫蔽膝和马笼头，卫赞美了天子并制作铜簋加以纪念。这篇铭文字体大小相近，笔画秀丽匀称，除“王”“天”两字以外，通篇不见有波磔、肥笔或象形笔画，具有西周中期铭文的典型特征，标志着当时的

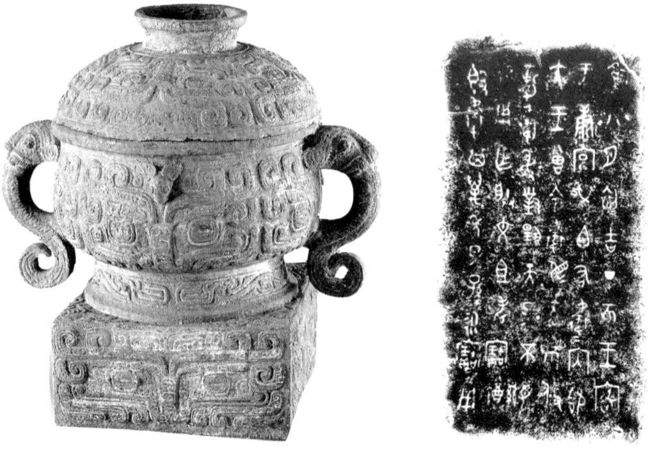

◎ 卫簋

西周中期，西安市长安区沣西乡马王村出土。高31.5厘米，口径21.5厘米。同出4件，形制纹饰相同

文字已经完全摆脱了商代书写风格的影响。

除了铭记家族的功绩荣耀，也有不少器物是为亲人或者与其关系密切的其他人而做的。这种青铜器上铸刻的铭文多与吴王姬鼎类似。其铭文内容为：“吴王姬乍（作）南宫史叔飤（饲）鼎，其万年子子孙孙永宝用。”吴王姬一般被认为是吴王的夫人，南宫史叔应是“文王四友”南宫适的后裔，该鼎即是吴王姬为

◎ 吴王姬鼎
西周末春秋初，西安市征集。
高52.5厘米，口径45厘米

南宫氏所做。铭文字体方圆端正、大小略同，笔画横竖规整，象形意味衰减，符号化程度加深，具有西周晚期铭文的特点。

中国是世界上唯一一个从古至今均有文字历史可查的国家，西周金文将史实大量铸刻于青铜器上并有意传承于后世子孙的做法，将华夏民族善于记事的传统发挥到了一个新的境界，为之后我国高度发达的文字史学埋下了伏笔。西周金文在全面吸收商代文字的基础上，规范了造字原则，基本形成了固定的偏旁系统，初步完成了汉字字形的形声化转变。西周金文出现第三人称、语气词以及更加丰富的度、量、衡词汇，完善了早期汉语的语法体系。西周金文摆脱了字体象形的束缚，在甲骨文的基础上进一步推动汉字向字形方块化、字体符号化的方向发展。文字在西周时期形成了以横、竖、正圆为架构的笔画结构，奠定了汉字横、竖、撇、捺、点、折、弯钩的笔法基础，保证了汉字向小篆、楷书发展的方向。

周公之后，西周社会趋于稳定。昭王、穆王时期西北部的戎狄逐渐强大，至懿（yì）王时严狁一度还入侵过宗周。周厉王即位以后横征暴敛，又禁止百姓谈论政事，最终导致国人暴动，动摇了王朝的基础。虽然后来有周宣王"中兴"之举，但是国家面临的各种社会问题已经积重难返。及至西周末期，朝政的腐败激起了国人怨恨，幽王又因宠爱褒姒而废掉王后和太子。前771年王后的父亲申侯联合缯国与犬戎攻入京畿，杀幽王于骊山之下，西周一朝就此灭亡。

帝都咸阳

统一九州的大秦中枢

西周之后，王室衰微，中国进入了诸侯争霸、逐鹿中原的春秋战国时期，让我们进入下一个单元，与秦人一道见证统一的步伐。《史记 · 秦本纪》记载，秦人的先祖是东夷首领颛顼的后裔。颛顼是上古“五帝”之一，黄帝之孙，因此秦人的历史与周人一样久远，但其发展历程则较为曲折，几起几落。

秦在中国历史上是一个特征鲜明的国家与朝代。其人，源自东夷之滨，却兴起于西垂之地；其族，因“助纣为虐”之举被周王贬于边地，却凭“勤王护驾”之功跻身东周诸侯之列；其国，曾偏居戎人出没之隅，被山东各国视为“夷狄”，却招揽贤才变法图强，开创了大一统国家的新纪元；其皇帝，重用刑法、徭役百姓，致使帝国二世而亡，却建立起一整套中央集权制度，奠定了中国此后 2000 多年的政治模式与行政区划基础。

一、逆境崛起

相传颛顼帝的孙女女修因吞食了玄鸟之卵生出一子，名曰大业。大业之子大费（又名伯益、柏翳）先协助大禹治水，有功受赏；后因驯养禽兽得法，被舜帝赐姓嬴氏。夏朝时，东夷受到中原王朝的打击，秦人被迫西迁山西省汾河流域，入商以后逐步得到商王的重用。

商末周初，秦人误判形势，在武王伐纣和三监叛乱中屡次维护旧主，遭到周王的严厉惩罚，举族被迫迁至西垂之地，即今天甘肃东部一带。到周孝王时，秦人首领非子因善于养马有功于王室，才获得了周王的信任。非子的玄孙秦庄公伐戎有功，被封为西垂大夫。

前771年，周都丰镐被犬戎攻破，周平王宜臼为避犬戎，迁都到洛邑。秦庄公之子襄公因护送平王东迁有功被封为诸侯。平王允诺，如果能赶走占据岐、丰的戎狄，就将这些地方赐予秦国。秦襄公抓住了这个百年一遇的历史机遇，将戎族驱逐出丰镐，成为西北地区名副其实的诸侯。

秦人的崛起不仅在于奋发图强的精神，更在于善于学习的勇气，就连小小的秦式青铜短剑也能反映出秦人好学、创新的心性。这种柳叶形剑身，剑柄上满布浅浮雕蟠虺纹的器物，纹饰空隙内往往嵌满绿松石，是贵族的随身佩带之物。其样式基本为秦人所独有，所以称为秦式短剑。秦式短剑

◎ 秦式短剑
春秋中晚期，西安市征集。长30.2厘米，宽3.07厘米

是秦人在西周柳叶形青铜短剑的基础上，吸收北方戎狄短剑柄部制作工艺造出来的，它与战国时期专做格斗的长剑不同，主要用于防身卫体、标识身份。

从秦襄公建国开始，为了开拓更大的生存空间，秦人寻求向东方发展的步伐就一刻也没有停息过。到秦二世灭亡，秦人前后迁都八次，由甘肃陇东逐步挺进到陕西关中，史称“九都八迁”。迁入周人故土的嬴秦，在全面接纳和吸收周文化的基础上，迅速建立起一整套自己的礼乐法度，并发展成为西部的霸主。春秋时期的秦国因此带有很深的周文化印记，这一点从所用器物上，尤其是青铜器的使用上能够很清楚地观察到。

《左传·晋公子重耳之亡（僖公二十三年）》记载了一件由礼仪引起的纷争。春秋时期，晋国公子重耳，即后来春秋五霸之一的晋文公，与秦穆公之女结成秦晋之好。婚礼当日，须进行沃盥之礼，按照周礼，在盥洗后，必须接过毛巾把手擦干，才算一套完整礼仪。而重耳在行此礼时，没等递上手巾，便自行甩了掉手上的水。这种极其失礼的行为，立即遭到了穆公另外一个女儿怀嬴的强烈抗议，压力之下重耳连忙道歉。长期流亡在外、苦于无法施展抱负的重耳，差点因为这个不起眼的举动酿成两国的外交争端，甚至可能因此丧失秦国的支持，终生无法实现称霸中原的梦想。青铜器自西周以来承载着更多的社会礼仪规范，周礼对秦、晋两国影响之深可想而知，引发这件礼仪争端的青铜器就是匜。匜一般呈瓢形，底设四足，与流相对的一端多置半环形鋬。它源自商周时期的兽形觥，最早为酒器；到了西周中期，水器地位提高，匜也应沃盥礼的需要，逐渐由酒器转化成为水器，盘、匜形成固定搭配。战国之后，匜多为敞口平底；至战国中晚期无鋬匜出现，原来的流（流，指壶嘴之类的功能性部件）变成了把手，像瓢一样使用，演变成舀水器。

战国时期，各国纷纷进行改革，秦国落在了后头，在军事上陷入了被

◎ 蟠螭纹青铜匜
春秋晚期，西安市征集。长30.7厘米，宽12.3厘米，高15厘米

动挨打的窘境之中。在这种形势下，秦献公毅然迁都栎阳（今西安市阎良区）进行改革，取得了一定成效，但真正让秦国富强并对中国历史产生深远影响的事件是秦孝公任用商鞅进行变法。商鞅在魏国不受重用，便在秦孝公求贤令的吸引下来到了秦国。他的强兵霸道之说让孝公刮目相看，被任命为左庶长，筹备变法。在政治上，商鞅废除了世卿世禄制，实行军功爵制，推行县制；在经济上，采取重农抑商的政策，奖励耕种；在社会风俗上，着重树立“勇于公战，怯于私斗”的风气，迅速实现了秦国的富强。

战国时期随着社会生产力的提高，手工业内部的分工日益精细。为了加强对生产环节的监管，保障产品的质量，在铜器、漆器、陶器上往往刻有管理机构和工匠的名称，所谓“物勒工名，以考其诚，功有不当，必行其罪，以穷其情”，秦国这项制度大约起于商鞅在栎阳城的变法。这种制度以对兵器的生产与使用管束最严，从当时两件青铜器上的铭文格式即可看出商鞅变法前后的差别。卌（xì）六年车辖上，刻有2行8字铭文：“卌八年，禾工，一，工免。”“某工”表示“工师”，“工”前多为管理机构或机构所在的地名，“工师”是主管器物制作、参与技术管理、查验核算材料的官署领导。商鞅变法时“物勒工名”还只是标明监造者和直接生产者，秦惠文王之后才加刻铸造人员即“工师”。卌六年车辖铭文中省略了监造者，“工某”则表示这件器物的直接生产人，秦孝公之后只有秦昭王在位56年之久，

◎ 栎阳戈
战国，西安市大白杨废品回收库征集。长21.4厘米

因此该器应制作于秦昭王四十六年（前261）。而栎阳戈，仅在铜戈内部两面分别刻铭“栎阳”“高武”等地名，未见管理者与制作者，明显是变法之前生产的器物。

商鞅变法的成果之一就是迁都咸阳，秦王嬴政就是在咸阳城“奋六世之余烈，振长策而御宇内，吞二周而亡诸侯，履至尊而制六合，执敲扑而鞭笞天下，威振四海”统一中国的。

二、咸阳宫阙

秦都咸阳位于渭河之北、九嵕（zōng）山以南，符合古人山南、水北皆属阳地的观念，故称之为咸阳。后世的长安实为咸阳城在渭水南岸的延续和扩展，司马迁在《史记·韩信卢绾列传》中明确记载：“（汉）长安，故（秦）咸阳也。”咸阳之地后来属于汉唐京畿，因此一般将秦都归为古长安都城之一。从秦孝公十二年（前350）营建咸阳开始，这里作为秦的都城长达144年，几乎从未停止过扩建。最早由商鞅建成了渭河北地的咸阳宫和类似城门的“冀阙”；秦昭王时渭水南岸的兴乐宫、甘泉宫和章台已完工；至秦王嬴政登基后，又在咸阳北阪写放六国宫殿，并扩建渭南诸宫，新建阿房宫，使咸阳城形成了渭水贯都的形势。不少学者认为，这是秦始皇统一六国后，将“法天象地、天人合一”的思想应用到城市建设中的充分表现，即把渭河比喻为天上的银河，咸阳宫则象征着天极，四周的众多宫殿如同

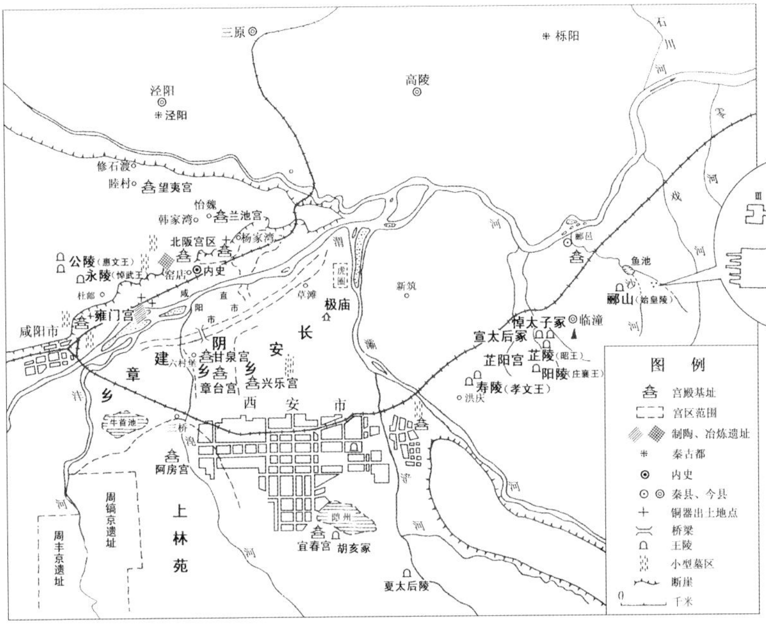

◎ 秦都咸阳平面示意图

星辰一般拱卫着中心。咸阳在中国古代都城发展史中的地位举足轻重，秦人正是在这里扫灭六国，制定出一系列的国家管理模式，影响了中国 2000 多年的历史进程，保证了中华文明的长久不衰和中华民族的绵延不绝。

咸阳宫大致在渭北城区中轴线北部的阶地上，是城内最早修建的宫殿群，重大的决议与朝会大多发生在这里。一般推测这里至少包括帝王的朝宫、寝宫，后妃们居住的宫室，以及内廷官署与附属建筑。据《史记·刺客列传》，秦王嬴政二十五年（前 222），面对即将亡国的命运，燕国太子丹孤注一掷，派遣荆轲入秦，以献督亢地图诈降，图谋胁迫秦王归还失地。秦王蒙在鼓里，“闻之，大喜，乃朝服，设九宾，见燕使者咸阳宫”。荆轲捧图上殿以献秦王，在图穷匕见之时，右手持匕左手把秦王袖，欲劫之，可惜为秦王挣脱。情急之中嬴政竟拔不出腰中长剑还击，只能绕殿中铜柱而逃。按秦律，殿上侍臣均不配尺寸之兵，殿下武士无诏又不得上殿。在大家惊慌失措之时，侍医夏无且用所携药囊击荆轲，秦王经左右提醒，从背后拔出长剑，砍断了荆轲左腿。荆轲将匕首掷向秦王，未中，乃倚柱笑而就义。目前此处考古发现的宫殿遗址有三处，并非咸阳宫的主体建筑，只是其中一小部分：一号宫殿遗址是不对称的多层夯土高台建筑，回廊、过厅、殿堂、露台、盥洗房、浴室一应俱全，壁炉、冰窖布置巧妙，排水、通风、采光设计科学；位于其西北的二号宫殿亦建于夯土高台之上，台上殿堂巍峨，台下绕以回廊，回廊设 11 处插立旌旗的竖管，似为处理政务的宫室；一号宫殿西南还有规模宏大的三号宫殿。二、三号宫殿的墙体上残存有大量的彩色壁画，绘画内容有车马出行、花木建筑等等。

宫殿顶部铺设板瓦、筒瓦，末节筒瓦顶端多带蔽护椽头和兼具装饰作用的瓦当。秦人用瓦始见于雍城，或在秦德公居雍之后。秦瓦当一般饰以动物纹、植物纹、涡纹、云纹，亦有“蕲（qí）年宫当”“羽阳千岁”等文字瓦当。秦瓦多见鹿纹绝非偶然，早期秦人过着游牧狩猎的生活，以善跑著称的鹿被视为秦族的图腾或者秦人先祖蜚廉的化身。奔鹿取蓬勃向上、奋起直追之意；而子母鹿则代表着，生生不息，永无止尽。《左传·襄公十四年》曾将秦人的战争比喻成捕鹿，秦二世又生出指鹿为马的典故，更有趣的是《史记·淮阴侯列传》以“秦失其鹿，天下共逐之”来说明秦帝国的土崩瓦解，可见鹿与秦人情缘颇深。

宫殿内部则普遍使用青铜建筑构件来加固和装饰木结构建筑。中国古代建筑中使用青铜构件的历史比较悠久，商代的小屯遗址和小双桥遗址都有铜质构件的发现。春秋时期各国宫殿竞相使用铜质构件，秦国也不例外。这些铜铸构件安装在宫殿门窗、柱头、枋木转角等地方，形状有曲尺形、

◎ 蕉叶纹青铜构件
战国，西安市文物商店移交。直径12.3厘米，高18厘米

单齿或双齿筒形、双齿拐头形等等，小者高 20 厘米，大者高达 1 米有余。其表面多饰有精雕细刻的复杂纹饰作为点缀，这件单齿筒形蕉叶纹青铜构件，在六片向上张开的锯齿上置以对应的几何形蕉叶，给人以大气的美感。

咸阳宫西部、西南部分布着铜、铁、骨器作坊及其附属的窖藏、水井，咸阳北坂及渭河北岸还分布着数量众多的制陶作坊。由于生产、生活用水的需要，咸阳城中开凿了大量的水井，为防止流沙淤塞，已经开始大规模使用陶质建材来修筑井壁。城中的水井，或为方形井口，井壁用小砖砌成；或为圆形井口，用瓦片或陶片砌成。井身则由 5 节、7 节或 9 节环形灰陶井圈重叠而成，井的深度多在 3 米以上。

渭水南岸的离宫别苑不少都被改为西汉的宫殿使用。比如位于今西安市北郊龙首原北部的兴乐宫，据《三辅黄图》等史料所记，汉高祖刘邦时营建长安城为省民力，将其改建为长乐宫，在汉长安城东南。甘泉宫曾是秦宣太后诱杀义渠王的地方，之后一直作为秦国历代太后的居所，有学者根据《关中记》“桂宫，一名甘泉”的记载，推测秦甘泉宫被改建为西汉桂宫，在汉长安城中部偏西。未央宫应是在章台的基础上修建而成的，未央宫前殿建筑基址下确实发现有秦代的砖瓦材料，而西汉的未央宫中还有章台街，可见未央宫前殿即是章台旧址。

咸阳城外，西北为国人墓葬区，西郊建有以惠文王墓为主的西部陵区。灞河以东到临潼分布有以芷陵和始皇帝陵为主的东部陵区。

灭六国之前，咸阳宫室就纳有昆山之玉、太阿之剑、犀象之器、骏良駃騠（juétí）、江南金锡、宛珠之簪、傅玑之珥、锦绣之饰等来自四面八方的宝物。嬴政时，每破诸侯，必掠夺其王室财富，所得美人、钟鼓皆运送至咸阳。其时的咸阳城已经成为天下的物质文化汇集中心，钟鸣鼎食之客齐聚于此，文人商贾往来不绝。秦文化也在扬弃旧事物与吸收新因素中不断向前发展，表现出勃勃生机。

这一时期的青铜器纹饰脱离了礼制的束缚，变得不再神秘，向着装饰化、繁复化的方向发展。其中最为常见和富有特色的纹样为蟠螭纹，蟠者，“屈曲、环绕、盘伏”之意；螭者若龙而黄或无角（之龙）曰螭 。蟠螭即为缠绕的无角小龙。曾经形象威严、颇具神力的龙，在春秋战国时期变为互相缠绕、纠结不清的形象。这种转变正是当时传统思想崩裂，列国纷争，诸侯之间政治、经济势力犬牙交错的真实体现。六国不少青铜器上都铸满此纹，秦人对这种纹饰也偏爱有加，大到青铜鼎，小到铜镜，都能见到它们的身影。纹饰的另一变化特征是根据现实中存在的动物形态特征，结合不同器物的外形特点，将相关装饰巧妙地与功能位置融合在一起，给器物赋予更多的鲜活感，风流鐎（jiāo）形盉就是这么一件典型的器物。它的盖顶以一只蹲坐猴子为钮，提梁变作虎形，流作昂首栖坐的浮雕凤鸟状，鋬为凤尾，通体饰有浅浮雕蟠螭纹，就连不起眼的足部也装饰了浅浮雕半身虎纹。整件器物做工精致而华美，纹样虽取材于人们熟悉之物，却又不落俗套，很符合贵族的审美追求与情趣。关于盉的功能，自北宋以来观点颇丰，有调味食器说、温酒调酒器说、盥沐水器说及酒器兼水器说。从目前出土的材料看，青铜盉不具备充当调味用具的条件。商代前期盉与斝、爵等酒器搭配，应作盛酒之用；商人迁都殷墟之后，盉、盘组合的情况日渐增多，预示着盉由酒器向水器转变；到了西周中期，盉、盘形成了稳定的搭配组合，盉完全用作水器；西周中期以后，盘、匜形成搭配关系，盉被匜所取代；

春秋之后，出现鐎形盉，用作酒器，但仍具备水器的功能，这种盉一直到西汉才慢慢退出了历史舞台。

◎ 风流鐎形盉
战国，西安市长安区茅坡村出土。高25.5厘米，腹径21.1厘米

秦人最富特色的器物非缶莫属。西周时曾按乐器的制作材料划分出八类乐声，即金（钟、镈、铙）、石（磬）、丝（琴、瑟）、竹（箫、篪）、匏（笙、竽）、土（埙、缶）、革［鼗（táo）、雷鼓］、木［柷（zhù）、敔（yǔ）］，也就是所谓的“八音”。陶缶本用于盛酒，又是八音乐器之一，粗犷豪迈的秦人酒酣之余，常常鼓缶以节歌，无分贵贱，甚至因此留下了“击缶”的典故。《史记·廉颇蔺相如列传》记载，赵国上大夫蔺相如完璧归赵的第二年，秦昭王遣使告赵王，欲两国和好相会于渑池。秦强而赵弱，赵王心生畏惧，被廉颇、蔺相如劝阻。渑池之会时，秦王酒酣中请赵王鼓瑟，赵王鼓之，秦御史书记曰“某年月日，秦王与赵王会饮，令赵王鼓瑟”，有羞辱之意。蔺相如至秦王前曰：“赵王窃闻秦王善为秦声，请奏盆缻（缶）秦王，以相娱乐。”缶是普通百姓常击的瓦器，为礼乐文化发达的六国贵族所不屑，此举是对秦王辱赵的外交反击，秦王自然怒而不许。但在相如以死相逼的情势下，勉强击之。相如召赵御史书曰“某年月日，

秦王为赵王击缻”。由于蔺相如出色的外交才能与过人的勇气，直到宴席结束，秦国也没能在渑池之会中讨得半点便宜。铜缶在东周时期有两种：一种形似铜壶，并在腹部设四个小钮，用于盛酒，称为尊缶；一种形似铜罍而没有颈部，可盛水用于盥洗，称为盥缶或浴缶。

◎ 鸟纹青铜缶

战国，旧藏。高9厘米，口径4.5厘米，腹径8厘米

曾经活跃于西北地区的犬戎被秦人驱逐出了关中，义渠戎也最终为秦所灭。就在秦人东进并统一六国的过程中，以畜牧业为生、逐水草而居的匈奴悄然发展起来，成为北方草原和河西走廊地区一股强大的势力。匈奴是以部落联盟为主体的社会，其首领称为“单于”，马、牛、羊是他们的主要财富。匈奴人自幼就会骑射，平日“人不弛弓，马不解勒”，适应游牧的生活方式。铜、铁、金银器是匈奴人主要的手工业产品，其中以装饰各种动物纹样的青铜腰带饰件最富草原气息。这些纹饰也对秦人的带钩产生了不小影响。虽然早在新石器时代的良渚文化中就已经发现了玉带钩，但一般大家所指的带钩能够追溯的源头是山东蓬莱村里集 7 号西周晚期墓出土的带钩。春秋战国时期带钩开始流行，秦汉时期达到鼎盛，魏晋以后逐渐衰落。早期带钩多为上层官僚贵族及文人武士所用，是社会身份的标志。带钩虽小，盗取它，可是要引来杀身之祸的。文献中最初称带钩为“钩”，据王仁湘先生的研究，“带钩”一词始见于《史记·齐太公世家》，“使管仲别将兵遮莒道，射中小白带钩”。

这个靠带钩躲过劫难的小白，就是日后鼎鼎大名的春秋首霸——齐桓公。在古代，中原地区的传统带钩主要用于束带和佩系，佩系之物多为铜镜、剑、刀削、钱囊之类。这件装饰有草原鸟兽纹样的秦国带钩，银质，鎏金嵌玉，与众不同。钩首为独角兽头，颈部为一神兽，獠牙外露，张口咬住带钩前端，两侧生出羽状装饰。带钩中部则嵌入圆形青玉。钩体尾端置一站立的神鸟，鸟头上长出两个后弯的兽角。带钩背部中央置一圆柱帽形钮，钮上有篆书"心"字。带钩上的独角兽、兽角嵌玉、神鸟明显属来自北方草原的纹样，是秦人与之进行文化交流的见证。

秦始皇即位后采取远交近攻、各个击破的方式，派王翦、王贲父子领兵，先后灭掉了韩、赵、魏、楚、燕、齐，于前 221 年建立起中国历史上第一个统一的多民族中央集权的大帝国。

◎ 鎏金银带钩
战国，西安市未央区尤家庄出土。
长21厘米，宽3.8厘米

三、同文同轨

秦统一中国后，嬴政认为自己扫平六国、安定天下是上古以来不曾有过的伟绩，功过三皇、德配五帝，立号为皇帝，将皇帝所下的“命”称为“制”，所下的“令”称为“诏”，所用的印称为“玺”，自称为“朕”。他调整了原有的政权机构，在全国范围内施行以“皇帝—公卿—郡县”为层级结构的中央集权政治体制，成为封建帝国后来2000多年的行政原则与典范。

公卿即三公九卿制度：皇帝之下的中央政府由三公领衔；丞相是百官之长；御史大夫为丞相的副手，协助丞相监察百官；太尉掌管军队，是皇帝之下最高的军事长官。三公之下又设卿士协理政务，三公和九卿均由皇帝任免，不世袭。按区域设郡，郡下置县；郡有郡守，县立县令，其官僚组织原则与中央类似。根据文献与考古资料的记载，秦郡超过36个。除了国家组织机构以外，秦始皇统一文字、统一度量衡、统一货币的举措，不仅促进了国家的统一和稳定，更对中国的历史进程产生了深远的影响，从此以后国家统一成为华夏民族发展的主流。

西周时期，周人有一套制度保障各诸侯国以王室文字为标准进行书写、使用。东周之后，由于政治上的长期割据，各国字形出现了较大差异，各地同字异形的现象也非常严重，给国家发展造成了巨大困难。秦始皇统一六国后废除了六国古字，实行“书同文”的政策，让丞相李斯等人整理文字，改定秦篆字体，并将李斯用秦篆书写的《仓颉篇》、赵高书写的《爰历篇》、胡毋敬书写的《博学篇》推向全国，作为孩童学习的标准范本。始皇帝出行各地时也十分注意宣传字体的标准化，例如《泰山刻石》《琅琊刻石》等，都是经李斯书写，立于各地的标准字体模板。秦代的小篆是对西周金文的简化与规范，笔画更加方正，偏旁部首趋于稳定，书写有明确的规范。

由于秦国位于西周京畿故地，秦篆在保留更多西周金文字形风格的同时，为隶书、楷书的字形提供了规范母板，有力地保证了汉字演变的连续性。

六国文字虽然同是由西周文字发展而来，但因为字符在各诸侯国内发展、简化的趋向与过程并不同步，其差异程度已经比较明显。各国的文字看似字形相近，实际笔画并不相同，有些甚至连偏旁部首也去之不存，给彼此交流造成了不小的障碍。这些情况我们至今仍能从魏国九年承匡鼎、燕国郭大夫甑、秦灰陶缶上的文字直观地感受到。春秋以后，铁器逐渐流行，因为用铁制工具在青铜器表面刻字远比铸字容易，所以刻铭取代铸铭在铜器上流行开来。九年承匡鼎正是这样一件刻铭青铜器，器腹外壁口沿下刻铭：“九年，承匡命（令）、犬工师贅、大夫悬、冶期，鉽（铸）胷（容）四分。”这件青铜器制作于战国中晚期的魏国，魏国也有类似于秦的“物勒工名”制度。铭文中命（令）应是地方长官，工师、大夫分别是主管技术和负责生产的官职名称，冶即指具体的制作岗位；承匡、犬当是地名，贅、悬、期分别为人

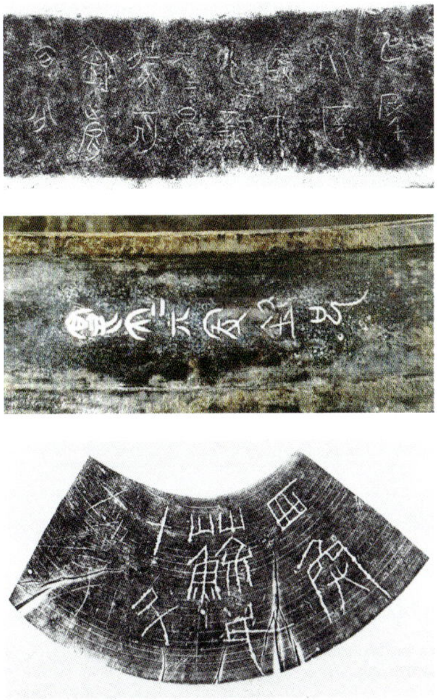

◎ 九年承匿鼎铭文拓片（上），战国，文物于山西省临汾市出土。郭大夫甑铭文（中），战国，文物由西安市文物商店移交。灰陶缶铭文拓片（下），秦，文物于西安市南郊茅坡光华胶鞋厂出土

名。郭大夫甑则在器物口沿下两处刻铭，一处为“郭大夫”，另一处为“郭大夫其复铭也”。“郭”为县邑名，位于今河北省任丘市，战国时属燕地，该器铭文即为燕国文字。秦灰陶缶的肩部刻有“西奂苏氏十斗”6字，具有早期隶书的韵味。今天只要稍微通晓繁体字就可以很轻松地读懂秦代灰陶缶上的文字，而魏国、燕国的文字看似相识，但如果不借助现代学者们编著的古文字字典，相信大家很难确定这些古文字到底是什么意思。

有秦一代，小篆作为官方的标准书体得到了广泛的推行，但在日常生产、生活中为了便于书写，文字的简化一直没有停歇，隶书就酝酿于此时。湖北《云梦秦简》就是用隶书写成的，隶书是汉字由古体转变为今体的里程碑。文字的统一为中国的文化和经济统一打下了坚实的基础，确实如学者们所说，这是影响了中华民族几千年历史进程的大事，秦始皇功不可没。

竹简上，隶书的书写离不开毛笔。旧时制笔行业中，秦国名将蒙恬被供奉为祖师爷，这与其改进毛笔制作方法的贡献有关。晋人崔豹在《古今注》中记载：“蒙恬作秦笔，以枯木为管，鹿毛为柱，羊毛为被。”从考古资料来看，我国新石器时代彩陶上的纹饰应该就是用毛笔绘制的，商代已经发现用毛笔书写的文字，但较早的毛笔实物则出土于长沙战国的墓葬之中。战国时的笔毛捆扎技术尚不成熟，或简单地将笔毛绑在笔杆一端，或将杆头劈分成数片夹住笔头，用丝线系紧。造出的笔易开叉，不易发力，笔头还容易脱落，不耐用。蒙恬根据西北地区的物产，因地制宜利用枯木为杆，以鹿毛、羊毛混合成笔头，大概是披柱法的锥形，推动毛笔制作技术趋于成熟。使用简牍书写文字，如果出现错讹，则需要用专门的青铜削刀修整竹简或刮抹书写错误之处。这种身体窄长、平背平刃的直柄刀常和砥石一同悬挂于文吏腰间，为秦汉时文职官员必备的办公用具，因此历代的文职官员也被称作“刀笔吏”。

◎ 刀削

春秋晚期，咸阳市红旗公社杨家湾出土。长28.8厘米

经济发展离不开各地商品的自由流通，货币作为人们开展贸易的媒介无疑是商品经济运行的基石。一旦离开统一的市场与货币机制的支持，国家发展势必举步维艰。然而战国时期各国青铜铸币的形态、尺寸、钱文、重量，甚至计算单位均差异较大。单就铸币形态而言，三晋地区的韩、赵、魏使用布币；齐、燕主要使用刀币；秦、两周（东周时期周王室分裂成两个小国，均位于洛阳地区，按相对位置称为东周、西周）及赵、魏使用方孔圜钱或圆孔圜钱；楚国使用仿贝形的蚁鼻钱和金版郢爰（yǐng yuán）。统一六国后，秦始皇将铸币权收归国家，严禁地方和私人铸币。湖北省云梦县睡虎地秦简《封诊式》中的一简，就记载了两人因合伙盗铸钱币被逮捕的案例，可见私自铸币将受到国家法律的制裁。秦朝将货币划分为两等，以黄金为上币，二十四两为一镒（yì）；下币就是大家熟知的半两圆形方孔铜钱，重如其文，为十二铢（半两之重）。另外，秦朝还制定出关于货币使用、流通和存贮的法律条文，保证钱币的正常使用和流通，如湖北省云梦县睡虎地出土的秦简《金布律》。这些举措，结束了春秋战国以来货币混乱的局面，方便了帝国内部的商品贸易与经济交流，将全国上下整合为统一的经济实体。

半两钱发行之前秦国还曾铸造过环形、圆孔的圜钱，圜钱多被认为是从玉璧演变而来的，分为“一两”圜钱和“半圜”钱两种。目前所见“一两”圜钱有两种钱文，分别为“一珠重一两·十二”“一珠重一两·十四”。两种钱均正面铭文，钱径 3.6 ~ 3.7 厘米，穿径 0.8 ~ 0.9 厘米，重一般在 14 克左右。“一珠重一两”表明一枚圜钱重量为一两，“十二”“十四”是纪年或铸钱范次标识。“半圜”钱可能也是以计重表示货币价值的圜钱。郭沫若先生在《金文丛考·释共》中说“余谓睘（圜）即玉环之初文”，珠从玉，圜亦是玉，以“珠”“圜”名钱，两者意义相通，“半圜”也就是半珠之意，经称量“半圜”钱也确实重 7 克左右。

“半两”钱初行于秦惠文王二年（前 336），除了便于携带外，多数人认为这种方孔圜钱是古人天圆地方思想的反映，其实它的先进之处在于钱体铭文计重。计重式钱文直接标明币值，不仅更适合商业流通，更说明秦国铸币具有集中生产、统一管理的特征，这与以地点作钱文的列国铜币有很大不同。除了秦国之外，齐、燕、赵、魏也都生产过圜钱。关于圜钱的首行国，有秦、魏两种看法，但是其他国家则是在秦国的直接影响下铸造出计重圜钱的。

还有一种对后世影响较大的货币是楚国金版，以战国时期的郢爰金版最为出名。其平面一般略呈方形，版面印有多行“郢爰”字样，交易时切割下的单块郢爰，称重使用。郢爰金版不见于文献记载，是我国已知最早的黄金铸币。这类金版在楚国还有“陈爰”“鄗爰”“郚爰”等 7 种，以“郢爰”发现数量最多，见于安徽、江苏、河南、陕西、山东、湖北及浙江等 7 省 54 个县市，大小共计有近千块。

◎ 郢爰金版

战国（楚），渭南市交斜出土。长2厘米，宽1.7厘米，厚0.43厘米

"郢""陈"等是地名，"爰"字学术界或解释为"爯"（重量单位），或根据古文献中"爰"字的用法取"易、换"之义，尚无定论。郢爰正面的文字是在金版未冷却之际，由铸工手持铜印钤在上边的，这种铜印在山东峄县逼阳城已有出土。因为易于钤印的时间有限，铸工们必须快速完成操作，以至于"郢爰"印记不甚规整，有正有斜，有多有少，甚至出现半印和重叠的现象。郢爰金版铸造年代一般认为是在战国晚期，最终由于汉武帝没收爰金，改铸麟趾、马蹄金，实行算缗（mín）、告缗的政策而退出历史舞台。

战国时期，常见的六国货币还有铜刀币和方足布。刀币外形如刀状，把手下方有一圆环，刀面铭文。"齐法化"铭钱是齐大刀或齐刀中最常见的货币，多见于山东齐国故地，年代在战国末期，属于齐刀币中较晚出现的铸币。耸肩方足布是战国时期平首布中出土数量较多的货币，钱面也铸铭文，平首布上的铭文均属地名，如"安阳"即是方足布中常见的地名。耸肩方足布这种铜币在周、三晋地区及燕地均有发现。

度量衡是日常生活中，人们用于计量物体长度、容积和轻重标准的总称。度，计量长度；量，计量容积；衡，计量重量。战国后期度量衡制紊乱，秦统一中国后颁布新的标准势在必行，始皇帝便将相关诏书刻在新制作的度量衡标准器上，或制成金属诏版嵌钉在器物上。诏书大意是：秦始皇二十六年（前221），天下统一，百姓安宁，皇帝下诏书给丞相隗状、王绾，统一全国的度量衡制度。睡虎地秦简《秦律十八中·工律》规定，地方政府与手工业管理机构每年至少进行一次专门的标准器校正。秦法规定对于不按照国家标准行事，以及标准器不准确、误差在规定范围之外的涉事官员予以惩罚。现存的秦量以传世品为主，也有出土实物，多为铜质和陶质，铜量有方形和椭圆形两种，陶量则多为圆桶形。就容积而言，主要有一升、两升半、三分之一斗、半斗、一斗，共五档量具。秦权在我国北方省份有不少实物出土，一般为铜质，也能见到铁权，个别为陶质。秦权的形状或作瓜棱形，或为秤锤形。目前能够见到一斤、五斤、八斤、十六斤、二十斤、二十四斤、三十斤和一石，八种秦权。

战国时期诸侯割据，为了各自安全的需要，城塞林立、车涂异轨。交通有碍不利于经济文化的发展，统一六国后，秦始皇一方面下令拆除堡垒关塞，另一方面统一车轨（也就是车轴距）、修建驰道和直道，建立起咸

◎ 秦主要交通路线示意图

阳通往全国的主干道路。从秦都咸阳通往全国各地的驰道被徐卫民先生总结为五条：第一，从咸阳顺渭河东行，出函谷关到关东。第二，由咸阳向西行，这条道路叫"回中道"，因中途建有回中宫得名。第三，从长安向东南，经蓝田、商洛，出武关，到东南。因途经蓝田谷和武关，所以称作蓝武道或武关道。第四，由咸阳向东北，经栎阳、大荔，过蒲津关，到太原。第五，由咸阳到西南，称为秦蜀古道。通过子午道、褒斜道、傥骆道、陈仓古道等到达巴蜀。秦直道则是2000多年前的高速公路，北起九原郡（今内蒙古包头市西），南到淳化县的林光宫，全长700余千米。这些路网的修建，巩固了国家边防安全，推动了中原与边疆地区的政治、经济、文化交流，促进了各地的民族融合。

东周时期随着人们对金银认识和利用的不断加深，在传统青铜工艺基础上，鎏金银和错金银工艺被广泛应用。鎏金亦称涂金、镀金、火镀金、汞镀金，先将金、汞以1：7的比例合成金汞剂，俗称"金泥"，然后涂抹于器物表面，通过烘烤加热的方法，让汞蒸发，使金附着留存于器表。最后用压子在鎏金面上反复磨压，使之平整、牢固和光亮。鎏银的工艺方法与鎏金基本相同。错金银工艺主要用于装饰铜器和铁器，需要事先在器物上铸造或镂刻出所需图案、文字凹槽，再用金银丝或金银箔嵌入其中。凹槽都内宽外窄，经过挤压锤打之后，金银镶嵌物填满凹槽就不会脱落了，最后磨光、抛光，使器物表面光滑平整。这种工艺让金银物纹样隐嵌于器表，与母体表面的黄白色相辉映，形成熠熠生辉的装饰效果。博物院所藏的几件秦代错银环形车饰，都饰以几何流云纹，从秦始皇陵兵马俑及铜车马上的纹饰来看，云纹只用在青铜马车的车厢四壁与伞盖之上，而不见于高、中级官吏或将军俑的衣着之上，昭示出使用者地位的尊贵。结合这几件器物出土于秦王接见蔺相如留下"完璧归赵"典故的章台来看，可以判定它

◎ 错银环形车饰
　　秦，西安市未央区大白杨村征集。直径10.6厘米

们的主人非秦王室成员莫属。

秦人的战车上往往能见到各种材质的虎纹装饰，例如出土于宝鸡市凤翔县周原的纯金虎饰。据学者考证，秦人在守西垂之初曾经一度盛行崇虎，天水等地出土的秦人虎纹配件远多于六国，究其原因可能与四方天帝观念有一定关系。五行之中西方属金，四方神中象征西方的正是白虎。秦人迁到西垂之后，将始祖少昊视为代表西方的“白帝”，而《国语·晋语》记载少昊之子蓐收“人面白毛虎爪”立于西阿，主掌刑杀（主管兵刑，象征军事），所以金虎不仅是秦人崇虎精神的体现，也成为秦国日后以虎符调遣军队的文化来源。

六国俱灭，秦始皇又派蒙恬率三十万大军北击匈奴，并修筑长城以御之。战事已平，国内各项方针举措也有条不紊地展开。“国之大事，在祀与戎”，祭祀天地为民祈福之事也提上日程。

◎ 金虎饰

战国（秦），宝鸡市凤翔县周原出土。长4.8厘米，高2.3厘米

四、代民礼天

《礼记·王制》曰："天子祭天地，诸侯祭社稷，大夫祭五祀。"祭祀天地又被称为"大祀"，是中国古代最高统治者的特权。祭祀天地的目的在于祈祷农业丰收，并以此彰显统治者受命于天的合法性。这种关乎社稷的重大祭祀一般祭拜于郊外，亦可同时附祭日月、社稷、四望、山川等，可统称为郊祭。西周之时，有权郊祭祀天的，除了周天子外还有杞、宋、鲁这三个诸侯国。杞、宋分别是夏、商的后裔，鲁因周公辅佐成王而被赋予特权。春秋之后，诸侯多僭天子之礼，秦国也有了祭天仪式。秦人祭天

的畤所大约就相当于周天子祭天的“郊兆”。畤是对古代祭祀天地、五帝的固定处所的称呼，它往往由一系列配套的建筑与场所组成。2016 年，考古学家在秦故都雍城发现了秦汉雍畤遗址。春秋战国时期，秦人在雍城先后建立起以鄜（fū）畤、密畤、吴阳上畤、吴阳下畤为核心的四畤系统，汉高祖刘邦又在此基础之上增设北畤，形成完整的五帝祭祀系统，雍畤即成为当时举行国家最高祭礼的地方。

史书中，秦人祭天最早的记录，是秦襄公八年（前 770）作西畤祠白帝，这是否与五行观念相关已不得而知。至始皇帝时，五德终始说确立，以周为火德，秦代周为水德，尚黑。不过文献记载，秦时所立仅为白、青、黄、赤，四帝之祠，黑帝祠与北畤是汉高祖刘邦发现四祠与五方之帝不相对应而增设的。秦人祠少昊（白帝）与周人祠后稷性质相同，周人宰牛以作牺牲，而襄公祠西畤却变为杀马以祭。杀马祭天是戎狄及匈奴的传统，秦人的这种做法与西戎旧俗可能存在一定的关系。始皇帝即位只尊“雍四畤”，祭祀春夏用骍（xīng），秋冬用駵（liú），尚赤。所献均为马驹，讲求诚意，并采用与所祠对象色彩一致的木偶栾车和木偶车马祭天，另附无数圭币，均瘗（yì）埋于地。秦祚虽短，但这一套郊祭制度对西汉乃至后世影响颇深，从汉文帝之后的西汉诸帝，都曾亲自到“雍五畤”举行郊祭。

目前关于畤所得的考古发现为我们了解秦汉的国家祭祀，提供了大量的实物资料。祭祀坑按使用物件大体可分为三类：第一类以马、牛、羊为祭品；第二类祭坑内瘗埋玉人、玉璜、玉璋、玉璧、玉琮、小型偶车马、车马器等专供祭祀的器物；第三类坑内不见器物，可能属于血祭，雍畤附近就有“血池村”的地名，究其来历应与当时祭祀用牲的宰杀及采血场地有关。

祭天所用玉璧以素面为贵，其形态与前朝无异，但是日常生活中所用玉璧则出现了浅浮雕谷纹。谷纹是一种单体形态作谷粒萌芽状的纹饰，常成片连续分布。它大体来源于商代晚期虺龙、虎、鸟这类长条形纹饰的圆形卷尾，战国中期逐渐简省形成谷状。后来世人误认为此纹是萌芽的谷粒，将其视作五谷丰登的象征。

东周时玄璜是礼祀北方神的玉器，秦汉之后玉璜逐渐消失。据《周礼》记载，璋为祭祀南方之神的礼器，也用于天子巡守、祭祀山川、婚聘及殓葬。与做工考究、纹饰精美的佩玉不同，秦人祭天用玉崇尚质朴，注重依靠玉质的自然之美来沟通上天，正如《礼记·礼器》所言："至敬无文，父党无容，大圭不琢，大羹不和，……此以素为贵也。"商周至秦汉时期，玉圭广泛应用于社会的诸多领域，是一种多用途的玉器。据《周礼》记述：在吉、凶、军、兵、嘉五种礼仪活动中，以圭的使用最为普遍。圭作为最重要的礼玉之一，不仅用来祭祀天地神灵，象征等级制度，而且还被用于朝觐、婚聘、丈量土地、测定时间、表示重量等。

祭天用的玉人均呈片状，一男一女成对使用，形式质朴，仅雕刻出人体的大概轮廓，除头部外，四肢省略，在玉人上往往以简单的线条勾勒衣着、腰带。博物院收藏的一对玉人，男性头顶生出偏斜发髻，以阴线勾勒面部的直眉、凤眼、直梁方鼻、八字胡、横方形阔口以及下颌的三道胡须。女性弯眉、凤眼、直鼻梁、横方形阔口，脑后有发髻；造型、雕刻手法与男玉人相同。男玉人发髻偏斜，与秦始皇陵兵马俑下士发型相近，是秦人男子成年后黔首的造型，象征身份低下的庶民；女玉人的椎髻亦为普通妇女常用，身份与男玉人一致。秦人以玉人祭祀是对人牲、人殉传统的改革。用于祭祀的还有青铜车马器，例如车軎、车轙、马衔、马镳、盖弓帽、铜环、铜泡、铜管、弩机、铜镞等，大多数是已经明器化的象征性专用器具。

◎ 玉圭

秦，西安市未央区联志村出土。长8.5厘米，宽2.1厘米，长7.1厘米，宽2.5厘米

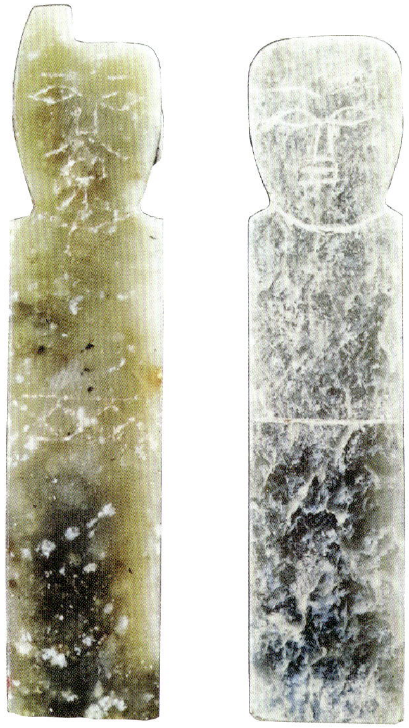

◎ 男女玉人

秦，西安市未央区联志村出土。

左：长7.5厘米，宽1.5厘米；

右：长7.4厘米，宽1.4厘米

五、巩固统一

作为封建社会的第一个帝国，在开创新时代的同时必然面临许多前所未有的难题，比如北方匈奴的南下骚扰、文士儒生的不同政见、顽固势力的伺机复辟等，这些都有待主政者给予适当的处理。始皇帝为了巩固帝国的统一勤于政务，“日夜有呈，不中呈不休息”，但不少新情况无史可鉴，加之他本人亦逐渐变得故步自封，应对举措并不总是合理妥当。

早在前221年，初并天下之时，始皇帝就为消除社会安全隐患，“收天下兵，聚之咸阳，销以为钟鐻、金人十二，重各千石”。

前218年、前214年，为了扩大统一战果，始皇帝又命令赵佗等大将两次率兵征伐岭南百越，最终设立南海、桂林、象郡，将岭南划入秦朝的版图。在此期间建造了灵渠，连接起长江、珠江水系，为岭南的开发创造了条件。

为了防御北方匈奴的侵扰，秦始皇于前214年派遣大将蒙恬统兵30万，北驱匈奴，并迁徙几万户开垦河套、驻防边地。他下令将战国时期秦、赵、燕的北方长城连为一体，建造出雄伟的万里长城，有效地保护了中原地区的安全。但这一庞大的工程，给急需休养生息的百姓带来了沉重的负担，唐宋时甚至演绎出孟姜女哭长城的故事，可见人们对于当时皇帝滥用民力所持的谴责态度。

关于帝国应采用何种形式来治理国家，当时的博士、儒生们也有不同的看法，尤其在郡县制和分封制上争论颇多。前213年争辩又起，而此时的皇帝和丞相李斯已经丧失了容忍不同政见的气度和耐心，将其视为对皇帝权威的诽谤和攻击。本应上下一心、化解分歧、寻找出路、统一思想的辩论，最终演变为简单、粗暴的焚书坑儒，令人遗憾、惋惜。

针对潜伏于六国旧地的顽固势力，秦始皇从前220年到前210年，先后五次巡视天下，以震慑企图威胁国家安全的不法分子。这期间他封禅泰山，并于各地竖立歌功颂德、宣扬统一的刻石。

在施行了一系列巩固统一的政策之后，秦始皇认为帝国的基业已经稳固，自己唯一感到不满足的就是生命有限，不能够永远守护帝国的基业。这位曾经一统六合、雄才大略的政治强人开始迷恋长生不老的仙术，几次大规模的出巡都或多或少与访仙求药发生过联系。作为千古一帝，他叱咤风云，威震四方；作为一介凡人，他向往长生，情系往生。

有学者据《史记·秦始皇本纪》中尉缭对秦始皇身体外形的描述，推测始皇在年少时可能就受到软骨病、气管炎等多种疾病的困扰，体质较差。临政时，为了实现国家的统一大业，又日理万机、夜以继日地工作，损伤了身体。统一之后又纵欲无度，不注意保养，导致身体过早衰老。羸弱的身体促使秦始皇渴求长生不老的门道，为了寻找仙药，他不断派出方士，花费以巨万计，却始终不得其方。秦始皇所求何药，至今我们也无从知晓，不过从阿房宫出土的玉杯来看，他采取云露以求长生当确有其事。

◎ 云纹高足玉杯

秦，西安市阿房宫遗址出土。高14.5厘米，口径6.4厘米

《史记·武帝本纪》记载：“（前

115）汉武帝建柏梁台，上置承露盘，铜盘玉杯，以承云表之露，以露和玉屑以服之，以求仙道。”从秦汉时期各地出土的铜盘玉杯类器物来看，这种养生求道的方式至少在秦帝国时期就已经出现，秦始皇很可能就是这种仙道之法的首倡者与实践人。阿房宫出土的秦代云纹高足玉杯，正是不用于饮酒，而专作承云露的长生之器。这件玉器堪称秦时玉器制作工艺的集大成者，玉杯由杯身和杯座两部分粘接而成，杯身口大底小，略呈桶形，杯座外形则酷似青铜豆。

然而这个世界上从来不曾有过神仙，不老不死之药自然也无法访得。秦始皇的长生梦伴随着卢生、徐市等人的先后逃跑而日渐破碎，但那个为他往生而备的庞大陵园却逐步成形。这座自他 13 岁即位就开始营建，历经近 40 年的时间，动用多达 70 余万劳力的复杂工程，直到他生命的最后一刻也没能全部完工。高达 76 米的封土之下是微缩了帝国版图河山的地宫。段清波先生认为，秦始皇陵地宫“上具天文，下具地理”的设计，完整地汇集

◎ 抚膝跽坐俑
秦，西安市临潼区出土。高100厘米

了以阴阳相克、五行终始为核心的天圆地方式宇宙观念。地宫顶部绘制有四神二十八星宿，象征天圆，是阳的体现；地宫下浓缩出江河湖海的帝国版图，表征地方，是阴的体现；以水银代江海中的水，是秦人以水德胜周人火德的思想体现。这座陵墓同时也反映出秦始皇欲在另一个世界守护国家统一安定的夙愿。陵墓之外，宫殿回廊、府库御厩样样俱全；陵园之内，武库、厩苑、园寺、吏舍齐备，官吏、百戏、珍禽各种俑类模型待命而侍；陵园之外，兵马俑、马厩、大型府库和珍禽苑等则是始皇帝生前生活的真实再现。

“仲尼曰：始作俑者，其无后乎。为其像人而用之也。”俑作为替人殉葬的现象在西周时期就已经出现，但是用陶俑大规模随葬并产生深远影响的莫过于秦始皇陵兵马俑。自此之后，上至皇帝下到王公贵族，陶俑不但成为他们在往生世界的侍奉者，更是显示其社会身份与地位的符号。古人讲求事死如事生，陶俑对现实生活的模仿也无以复加。秦始皇陵出土的陶俑堪称举世无双的艺术珍品，不仅比例科学、形态真实，连衣物、装束也制作得一丝不苟，人物姿势与神态则根据相应的社会地位与职务加以塑造，达到了传神的境界。

社会风气自古就是上行下效，皇帝以真人大小的陶俑彰显个性，贵族们也乐于用小陶俑来丰富自己的随葬。目前西安地区出土的秦代小型陶俑高度一般在 15 厘米左右，均为灰陶烧造，表面施以彩绘。有男女侍俑、跽坐俑、骑俑与陶马。黑眉朱唇，冠及革带为黑色，衣着为窄袖右衽长袍，表面彩绘多已脱落，仅衣领及袖口的红彩尚有留存。这些陶俑虽然体型小巧，却神态自若，体态优美，独具魅力。

出土于西安市长安区西安邮电大学战国秦墓的小骑俑是目前所知年代较早的骑兵俑之一，显示出秦人骑马技术普及的趋势，预示着骑兵作为独立兵种将对战争进程产生巨大的影响。与小骑俑一同发现的陶马作站立状，昂首挺胸，四肢垂立，剪鬃，垂尾，尾下绾成一节。马身饰以黑彩，用红

◎ 螺髻女侍俑
战国晚期至秦，西安市长安区西安邮电大学战国秦墓出土。高12.5厘米

色勾勒辔头、鞍鞯（jiān）、腹带。秦人善于养马、相马，秦人首领非子正是凭借出色的养马技术，让汧渭之地的王室马群快速繁衍，得到了周王的认可，分得土地成为附庸，摆脱了政治上备受打压的处境，使族人走上兴旺之路。秦地不仅出了伯乐、九方皋两位相马名家，甚至还制定出中国第一部畜牧业发展法规——《厩苑律》。相传伯乐著有《相马经》，可惜已佚。近年考古工作者通过对雍山血池祭祀遗址中出土的马匹遗骸，在骨骼体征、饮食结构、遗传性状、身体毛色等方面的研究和鉴定，获得了惊人的发现。祭祀需用幼马，而这些在断奶时就被从秦国各地专门挑选出的马匹，均属于长成后不堪重用的弱马。用幼小弱马祭祀，既节约了粮食、人力，又满足了国家礼仪的需求，但对马的甄别技术要求颇高。能

◎ 陶马

战国晚期至秦，西安市长安区西安邮电大学战国秦墓出土。长20.5厘米，高15厘米

够从帝国不同地域，采用同样高超的技术标准，选送出大量合乎要求的幼马，秦人相马技术之高明可见一斑，历史上关于伯乐与《相马经》的记载看来也并非虚传。

晚年的始皇帝，在方士的愚弄之下故步自封、自我禁锢，由一个睿智有为的杰出政治家变为昏庸无道、胡作非为的暴君。秦始皇始终没能找到仙丹灵药，他不惜民力所建的各项工程令天下百姓背上了沉重的负担，大秦帝国也随着他的往生而土崩瓦解。但是他生前、身后留下的制度文明与文化遗产惠及后世，为汉民族的形成开创了条件，为后世中国的政治体制、国家版图与行政区划奠定了基础。

风扬汉城

长治久安的西汉京畿

“大风起兮云飞扬，威加海内兮归故乡，安得猛士兮守四方！”走出秦帝国的峥嵘岁月，汉高祖刘邦的《大风歌》将我们引入华夏民族发展的新篇章。这首古诗是他在平定淮南王英布反叛之后，荣归故里时由心所发的感慨，寄托着他对帝国无限的期望。他在位期间继承和巩固了秦朝建立的中央集权制度，维护了国家的完整。他之后的大汉王朝以风起云涌之势迅速壮大。

西汉之时不仅完善了国家的文化、经济制度，巩固了华夏民族统一的社会基础，还大大拓展了国家的版图，极大地影响了周边地区的文化风貌，形成了中华民族的主体——汉族。西汉一朝，制度先进、社会发展、经济发达、文化繁荣，四夷宾服而声名远播，各方面都走在了世界的前列，并以博大的胸襟推动着中西方的交流，对世界文明作出了自己的贡献。

一、东方名都

前 202 年，经过秦亡之后 5 年的厮杀，楚汉战争以汉王刘邦的胜利而告终，刘邦在山东定陶即皇帝位，是为汉高祖。同年，高祖定都洛阳。齐人娄敬以洛阳地狭田薄、四面受敌为由，建议迁都长安。娄敬认为关中地区“沃野千里，南有巴蜀之饶，北有胡苑之利”，三面有险可守，一旦有难，可以凭借关中的富庶控制关东地区。这个建议得到了张良的肯定，关中以“金城千里，天府之国”的优势成为汉王朝首都的最终选择。

事实证明这一抉择没有辜负高祖刘邦的期望，在不到 100 年的时间里，由这里兴起的汉文化不仅席卷东方，更是凿通西域实现了亚、欧、非三大洲各文明古国的直接对话与交往，对世界文明的发展产生了深远影响，使长安成为与罗马齐名的世界名城。

前 209 年，自陈胜、吴广斩木为兵，揭竿起义、反抗秦朝苛政以来，连年的战争使国家残破不堪、民生凋敝，皇帝尚且找不到四匹同色的马来拉车，营建新都更难以实现。位于咸阳的秦宫主体已为项羽焚毁，好在渭河南岸的一些宫殿尚存。为了少劳民力，萧何就在尚存的秦朝兴乐宫基础上修建起了长乐宫，作为临时皇宫。前 200 年，长乐宫建成，汉王朝正式迁都长安。接着又修建了未央宫、武库、太仓等重要建筑设施。汉惠帝即位后开始修筑长安城的城墙，并继续完成北宫、社稷、东市、西市等重要建筑。汉武帝时又大规模兴建宫殿和城市配套工程，例如城内的明光宫和桂宫，城外的建章宫、昆明池（用于供水和操练水师），以及函谷关和雍城附近的大型国家仓储建筑。王莽篡汉后，又在长安城南增建了宗庙、社稷、辟雍等礼制性建筑。之后，汉长安城又先后被东汉（献帝）、西晋（愍帝）、前赵、前秦、后秦、西魏、北周等王朝继续作为首都使用，直至隋文帝迁

◎ 汉长安城遗址平面图

都大兴城（582），累计有近 800 年的都城史。

汉长安城的城墙由黄土夯筑而成，平面略呈方形，因城内宫殿的分布与城北渭河走向的缘故，城墙在西北、东南形成缺角、折角，像“北斗”与“南斗”，汉长安城由此又称为“斗城”。全城总长度 25.1 千米，以南墙最长，约为 7500 米。墙体内外向上有收分，现存最高处 10 米左右。墙外设有宽 40 ~ 50 米、深达 3 米的城壕。城门外修建 14 米宽的石桥过壕。

全城共 12 座城门，每面 3 门，门上设“骑楼式”建筑。城门均开 3 个门道，每个门道宽约 8 米。城内干道笔直，皆为正方向布设，有 8 座城门各有一条大街通入城内。安门大街最长，达 5500 米，路面宽为 45 ~ 56 米；“道有三涂”，8 条大街均由两条排水沟分为 3 股道，“中涂”或曰“驰道”，宽约 20 米，专供皇帝行走，其他官吏和平民只能走两边的道路。

8 条大街将汉长安城分成 11 个方形区域，未央宫、长乐宫、桂宫、北宫、明光宫、东市、西市各占 1 区，里居占 4 个区。给水系统主要引发源于秦岭的泬水入章城门，向西北穿未央宫、北宫、长乐宫，从清明门出城，即史书所载“明渠”。西汉中期，又在城西南开凿了昆明池，用以训练水军并兼作水库，保证全城用水。城内宫殿、官署、邸第、里居等生活用水，多以凿井供给。全城建有网络化的排水系统，宫城及建筑下埋排水管网，联通城内干道上的排水明渠，再由穿城的过水涵洞排至城壕，汇入渭河。

汉长安城内大部分面积由不同的宫城占据，是皇帝嫔妃居住和百官公卿上朝的地方。市场位于城北，在宫殿之后。这些特征与《周礼》中“匠人营国，方九里，旁三门。国中九经九纬，经涂九轨，左祖右社，面朝后市”的记载较为吻合。

未央宫作为首都的中枢所在，不仅是我国古代规模最大的皇宫，也是使用时间最长的宫殿建筑群之一。前殿居于宫城中央，由南北排列的三大殿及附属建筑组成。作为皇帝登基、召见臣僚、讨论国家大政方针、发布诏书、处理国家日常事务的地方，毫无疑问，这里也是张骞领取汉武帝旨意，凿空西域，开辟丝绸之路的原点。前殿北部的二号建筑基址即是“椒房殿”，墙壁涂施椒粉、芳香袭人，为皇后的居所。再向北，建有藏书 3090 卷的天

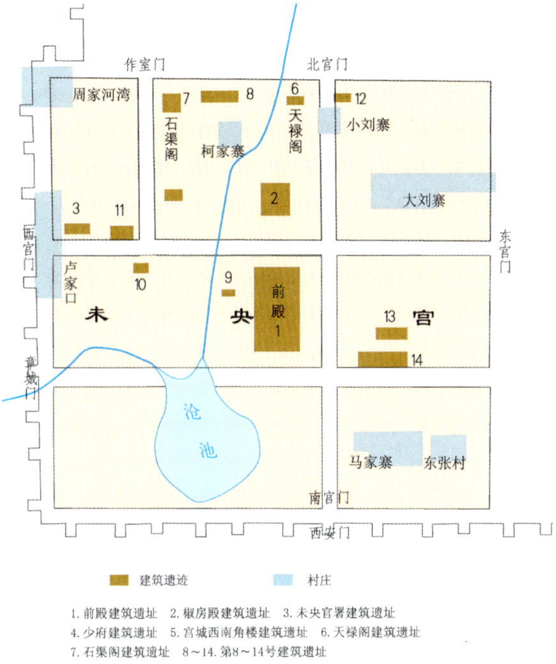

◎ 西汉未央宫平面示意图

禄阁，司马迁曾利用阁里的书籍写出了史学名著——《史记》；我国第一部目录学著作《七略》也是在这里完成编纂的。天禄阁以西约 500 米，设有国家级图书馆——石渠阁，藏有许多秦宫的图书典籍和档案，以及汉朝政府的国家档案。西汉中晚期这里还成为首都的学术中心，吸引了大批学者参加皇室或中央政府举办的讨论会。前殿西北还发现有中央官署遗址，未央宫的西南有人工开凿的“沧池”，池中置渐台，具有美化环境和供水的用途。未央宫的布局奠定了后世 2000 多年的宫城规划和设计思想，成为中国宫廷建筑的典范。

西汉的建筑上常能见到与四方相对应的青龙、白虎、朱雀、玄武瓦当。《三辅黄图》上说：“苍龙、白虎、朱雀、玄武，天之四灵，以正四方。”考古研究表明，早在夏、商之前，我国先民为了观测天空中的星辰，已经将黄道附近的恒星星群划分为四区二十八个星宿。东方七宿：角、亢、氐、房、心、尾、箕，被想象为龙；西方七宿：奎、娄、胃、昴、毕、觜、参，被视为虎形；南方七宿：井、鬼、柳、星、张、翼、轸，幻化为雀鸟；北方七宿：斗、牛、女、虚、危、室、壁，被推定成龟蛇相交的玄武。这四种瑞兽代表着星空中的四个方位，后来便成为指示东、西、南、北四个方位的标识，所以又叫作四象、四维或四陆。战国之后四神与五行说相结合，开始流行以青、白、朱、玄（黑）四色来对应四方之神。四神不仅是守卫四方的瑞兽，也是驱邪逐恶、护卫世人升天的神灵。因此它们常常和象征太阳的金乌、象征月亮的蟾蜍等瑞兽一起被装饰于铜镜之上，正如汉镜上所言“左龙右虎去不祥”。汉代最具神秘色彩的四神镜莫过于带有“T”“L”“V”规矩符号的。在大家眼中，它们来自六博游戏的博局，因此也称博局镜。更深层次的研究表明，汉人认为天宇由来自八个方向的绳子拴系，规矩纹所代表的正是四维（四个角方向）、四仲（四个正方向），博局与规矩镜上借用的“T”“L”“V”规矩符号具有“法象天地”的含义。

汉代物质条件富足，人们对精神生活的追求孜孜不倦，就连瓦当这样的建材也能显现出汉人的开拓精神。原有的图像瓦当既然已经不能满足世人的需求，索性就将汉字直接书于当头以示内心的壮志。“汉并天下”这类瓦当，多有边廓，中心置一圆形凸起。边廓与中心之间，以横竖双线将当面均分为四个扇形格，每格篆书一字。囿于书写空间和制作技术，汉代瓦当上的文字不全是日常使用的隶书，篆书或篆隶相杂的现象比较普遍。瓦当被广泛应用于宫殿、苑囿、陵墓、仓庾、私宅等建筑，例如“京师庾当”；除此以外还有大量的吉祥语瓦当，例如“亿年无疆”。

◎“汉并天下”瓦当
西汉，旧藏。直径16.3厘米，厚3.1厘米

◎ 凤鸟立龟陶器座
西汉早期，西安市北郊范南村出土。高54厘米，长28厘米，宽21厘米

西汉早期，在器座、铜灯、铜熏炉这三种器物上，有一类“凤鸟立龟”造型，独具特色，鲜见于其他朝代。凤鸟立于龟上，远不是将中国传统四灵中的朱雀与玄武组合起来这么简单，它们与五行、五德思想密切相关，政治意味浓厚。将五德观念应用于政治的第一人当属秦始皇，秦吞二周而亡诸侯，认为自己顺应天命，以水德之秦代火德之周，从所不胜。如果说龟五行属水，位北，色黑，正与秦朝相合的话；楚人刘邦亡秦建汉，恰能够为位南、色赤、五行属火的凤鸟所表征。西汉早期的“凤鸟立龟”，龟回首奋力欲咬凤鸟，体现出水、火间的较量，凤鸟悠然自得地踏于龟背则寓意着西汉政权已经得到上天的垂青。

西汉一代的黄金之多史所罕见，新莽时期国家库存黄金 70 万斤（17.5 万千克，以 250 克为 1 斤计算），是封建社会中央政府黄金储量的顶峰。2015 年，西汉海昏侯大墓的考古发掘中，出土金饼、马蹄金、麟趾金等各类金器 378 件，重达 128 千克，又掀起了学界对西汉黄金制度的浓厚兴趣。2016 年底，我国黄金储备为 1808 吨，而在 2000 多年之前的西汉，仅用于赏赐的黄金数量就达

250 吨。据统计，西汉拥有的黄金总量在 1000 吨左右，可见当时国力之盛。长安作为国家首都，王公国戚出入，达官显贵汇集，有不少重要金器、鎏金器物被发现。

◎ 金饼

西汉，西安市未央区谭家乡出土。直径 5.67～6.6厘米，厚度0.82～1.64厘米

1999 年 12 月，西安北郊谭家乡的新华砖厂，取土时先后在两个圆弧形坑内发现上下叠压摞起的金饼 219 枚，以往集中发现大批汉代金器的情况并不多见，博物院有幸收藏了其中的一部分。金饼外观均为圆饼形，背面凸起，正面凹陷，边廓卷唇圆浑。从背部的瘤状凸斑与盘旋状波纹可知，金饼是用小型陶模具浇铸而成。直径 5.67 ~ 6.6 厘米，厚度 0.82 ~ 1.64 厘米。西汉前期的 1 斤合约今天的 244 ~ 250 克，谭家乡金饼单枚平均重量 247 克略多。金饼凹面多外表光洁，中心有不同程度的凹陷，普遍存在冰裂现象。绝大多数打有戳记、戳印，部分兼有刻铭和刻画的文字、符号等。有 182 枚打有戳记，均位于凹面，“V”形占到戳记总数的 97% 以上，另有少量的“U、T、S”形戳记但不单独使用。有 208 枚钤盖了戳印，多数为矩形，亦见有圆形，字体多为阳文小篆，部分介于篆隶之间。戳印主要分布于凹面，钤于内区的称为“中央主印”，钤于外侧的为“边侧辅印”。钤盖中央主印的有 185 枚，印文主要为“租”“黄”“千”“且”“全”，五种印文各自独立，互不相见，它们与黄金的属性、检验和归属有关。钤盖边侧辅印的有 91 枚，印文可辨识

者有“禾”“只”“市”“焉”“十二”“工”“下六”“吉”等35个单(双)字，多与地名、水名、市肆、姓氏、吉祥语、装饰修辞、赁贷计息的凭记等有关。除此之外，凹面有契刻和刻画现象的金饼有103枚，刻画痕达到180余处，部分与戳印文字相重。西汉时期，每年八月天子祭祀宗庙，诸侯王、列侯必须贡金助祭。这次大祀叫作饮酎或酎祭，而助祭之金则被称为“酎金”。酎金检验比较严格，不过关者将会受到严厉的惩罚，王削县、侯免国。“V”形戳记就是检验黄金成色及重量的勾对符号。当时黄金除了作为酎金之外，还广泛用于赏赐、馈赠、罚金、大宗交易以及军费支出等各个方面，现金纳税亦可用黄金，“租”字戳印表示国家的租税。“且”字古为“俎”字，指祭祀、设宴所陈置的礼器，引申为进献、贡祭。金饼钤盖“且”印，可能为助祭之金。根据金饼上的文字形态比对，学者们认为谭家乡金饼属西汉遗物，其铸造年代的上限可至文帝、景帝时期，埋藏下限可能晚到新莽末年前后。谭家乡金饼的出土地在汉长安城清明门外东偏南方向，不属于墓葬出土之物。联系到新莽末年的社会动乱，以及国家库存黄金流失的史实，这批金饼的埋藏当与其时的战乱直接相关。

西汉时期，青铜器依旧被大量使用，但与西周用于祭祀、宴饮不同，这时的铜器多属与日常生活相关的物品。器物的样式与纹饰也摆脱了以前抽象、神秘的风格，变得更贴近现实。贵族使用的器具大都有复杂的错金银纹饰，或者表面鎏金，大到铜锺、薰炉，小到席镇，无不如此。

鎏金铜器中，造型优美又富生活气息的文物要数宫灯了。铜灯大致出现于春秋之时，它源自食器豆，上部为盛灯油的盘，盘下以柱支撑，底座常见喇叭形或盘形。因器型与豆类似，所以容易让人混淆，甚至有的青铜灯上就自铭为“烛豆”。与豆的不同之处在于灯盘上常设有火主，火主即是灯盘中的支钉，也被称作灯钎，用于插麻蒸（用麻搓成的灯捻）。云南

◎ 鎏金铜羊灯

西汉，宝鸡市凤翔县城北出土。高21.8厘米，长27.4厘米，宽11.1厘米

昭通东汉墓所出的灯炷是八九根细竹条缠在一起做成的，麻蒸不易保存，但做法应该类似。灯炷浸在灯油里，或用动物油脂，或用植物籽油，据《齐民要术》记载，植物籽油多取自麻子、苏子。西汉时，铜灯的造型向多样化发展，既有加装灯罩、可调亮度、能够手持的行灯，也有将器盖兼用作灯盘靠连杆与贮油容器相接的镳轳灯，还有装了多枚灯盏的树状多枝灯。豆状灯盛油有限，不能长时间照明，这样就催生出了具有储油功能的灯具，这类灯往往做成牛、犀牛、羊之类的动物造型，形象生动，艺术性强，羊形灯就是其中最多见的一种。“羊”与“祥”谐音，羊又象征吉祥，所以羊灯在汉代很受重视，所谓“金羊载耀，作明以续”。河北省满城中山王刘胜墓中曾出土过与此件藏品类似的鎏金羊灯，可见这种灯在汉代并非普通人所能够使用。

汉人酷爱饮酒，上至皇帝下到百姓无不以畅饮为乐，达

◎ 鎏金凤鸟铜锺
西汉，西安市未央区文景路出土。高78.7厘米，腹径19.24厘米

官显贵酗酒成风，不少妇女也好此口。汉代因饮酒留下的趣闻比比皆是。高祖刘邦举义帜之前就常赊酒买醉；一些汉室王族在临死之际牵挂于怀的，竟是最后一次宴饮的机会；更始帝刘玄的韩夫人，因臣下奏事搅了酒兴，居然气得当众拍破书案，酒瘾之大非同一般。汉代贵族所用器物不少都与酒有关，比如最为常见的铜壶、铜锺。锺虽是一种与壶高度相似的器物，但细看来还是具有一些细微的独特之处。比如，自铭为锺的铜器均侈口鼓腹；圈足多折曲；器表均饰以宽带纹，分别位于口沿外、肩腹部，而别无其他纹饰。由于不少锺上都标明“五斗”“十斗”等容量，有学者怀疑其为量器。《孟子·告子上》赵注说的更明白：“锺，量器也。”可见，是否能够充当计量容积的标准器才是锺与壶的根本区别，当然它量度的绝非酒水，而是事关民生温饱的粟米。《后汉书·郦炎传》有“食此万锺禄”的记载，说明官员的食俸也可以用锺来计量。考古发现的锺，使用者多为诸侯，抑或是宫廷用器。古代人曾认为使用金银质地的饮食器，可以延年益寿、长生不死，因此用鎏金铜锺来封存美酒意欲长寿的愿望也就不言而喻了。发现于未央区的鎏金凤鸟

◎ 青铜羽人
西汉，西安市未央区汉城乡南玉丰村出土。通高15.3厘米

纹铜锺出土时其内尚存青绿色的酒液，时隔2000多年之久，酒味依然醇香扑鼻。

除了宴饮，皇亲国戚也同凡夫俗子一样向往神仙般的生活。时人凭借自己丰富的想象力，将始皇帝都不曾见过的仙山、仙人搬进了现实社会。不少实用器物上都有博山的形象，群峰林立、树木葱郁，山林间鸟兽出没。见于古籍中的博山之“博”有三种文化义项，即博望仙山之博、泰山之博、博弈之博，在汉代，它们都与仙人、仙山、仙家世界相关。有学者认为汉代“博山”的原型当为早期萨满教中的“世界山”或“宇宙山”，与后来佛教中的“须弥山”同源。博山上描绘的物事、景象亦与“仙道”相关，是汉代“登天”“致仙”或“成仙”的象征。未央区汉城乡还出土了目前最为形象的西汉仙人铜构件，汉诗《长歌行》曰：“仙人骑白鹿，发短耳何长！”高出头顶的大耳以及膊后生出羽翼，是汉代仙人的重要特征。《穆天子传》记载，周穆王曾驾八骏西巡至于西王母之邦，和西王母宴饮酬酢。汉代人不仅信仰西王母，还相信西王母那里有服之长生不死的仙药。吃了不死药能够羽化登仙，成为仙人亦即羽人，如《论衡·无形篇》所说：“图仙人之形，体生毛，臂变为翼。”青铜羽人铜器正是汉人脑海中“羽人”的形象。

《诗经·邶风·柏舟》中说：“我心匪席，不可卷也。”古人席地而坐，坐席一般由芦苇、蒲草、竹篾等编制而成，不仅容易卷边，起身时亦会发生移动，镇压之物就成了不可或缺的日常用具。生活中不论是铺设于地的坐席、博枰（六博游戏的棋盘），还是书案之上，都需要在四个边角放置这种压物。按照不同的用途，压席之用的镇称为“席镇”，压于博棋四角的镇称为“博镇”，车上用镇通称“车镇”，作为随葬品置于死者袖口的则称为“压袖”。贵族使用的镇多鎏金银，四枚为一套，虽然体型不大，但都制作精致，或为梳理毛发的瑞鸟，或为互相搏击的野兽，也有做成说唱人物的，动感十足，给人以美的享受。

◎ 梁山宫薰炉

西汉，征集。高14.5厘米，腹径17厘米

除了皇宫，在京畿地区还分布着一些皇室宫观，例如韩城的扶荔宫、眉县的成山宫、澄县的貌宫等。时过境迁，这些宫殿虽然已变为遗址，但是地上地下的瓦砾、文物都在诉说着往日的辉煌。这里的铜器以素面为常见，但都以铭文标示出所属的离宫别馆、重量，甚至制作时间。例如成山宫铜鼎，器腹刻铭有“犛成山宫”字样，成山宫在今眉县城西南 7.5 千米，遗址中曾出土“成山”字样的瓦当。成山宫属于王室离宫，是汉代帝王祭日之地。梁山宫薰炉铭文为“梁山宫一升薰炉，并重九斤半，元

凤五年造”。元凤为汉昭帝刘弗陵的年号，元凤五年为前 76 年。梁山宫为秦朝旧宫，汉代又修建使用，在今陕西省乾县吴店乡吊压村瓦子岗，北枕吴山，南望梁山，地势高亢辽阔。博物院的不少铜器上还标有“上林”字样，即汉上林苑所属用器。上林苑秦时已存在，西汉时期又在此基础上大修宫舍，文献载：“上林苑门十二，中有苑三十六，宫十二，观二十五。”其范围西自周至县终南镇，东至蓝田县焦岱镇，北界在渭河以南，南到终南山北麓。我们熟知的昆明池、鼎湖延寿宫、黄山宫等都在其内。

二、汉风乍起

西汉伊始，面对百废待兴的局面，刘邦吸取秦灭亡的教训。一方面，采纳陆贾休养生息、简政宽刑的建议，免除徭役、减轻租税、复原兵士、释放奴婢，积极恢复社会生产；另一方面，继承和改进秦朝所创立的各项制度，奖励军功、举荐人才、维新秦律，为汉王朝营造了稳定的社会秩序。我们常说汉承秦制，汉初的政府机构、法律条文、规范礼仪、度量衡标准等都与秦制密切相关。

无巧不成书，2002 年在西安市长安区西北政法学院内，发现了一座被严重盗扰的西汉墓葬。不起眼的遗物之中，两枚不大的印章昭示出墓主的非凡身份。

◎ 张君信印

西汉，西安市长安区郭杜镇出土。高0.7厘米，印面1.8厘米×1.81厘米

这两方双面穿带铜印，印文分别为“张汤、张君信印”和“张汤、臣汤”，此人正是《史记》《汉书》中所载，汉武帝的法治能臣张汤。张汤，杜陵（今陕西西安东南）人，起于书吏，曾为长安吏、宁成掾、茂陵尉、侍御史、廷尉，后迁御史大夫，位列三公。他虽用法严峻，但往往以皇帝意旨行事，曾帮助武帝推行盐铁专卖、告缗算缗，打击豪强富商，颇受宠信。张汤在中央政府所担任的廷尉和御史大夫，都是秦朝时设立的官职。廷尉为九卿之一，主管刑狱；御史大夫为三公之一，负责监察百官。秦汉时期，随着社会的变革与发展，文字广泛应用到生产、生活的各个方面，尤其是政府文书的书写，需要更加便捷的字体。隶书就在简化、规整小篆笔画的基础上产生了。张君信印虽然采用篆书的布局，但是笔画起落部位的变化与方折转角的形成，明显具备隶书的特点。传说隶书为秦国内史下邽（今陕西渭南北）人程邈所创，经过西汉的发展，在东汉时期达到顶峰，为之后草书、楷书的产生奠定了基础，在汉字演变的过程中起着承前启后的作用。

◎“王精”金印，新莽，西安市碑林区沙坡砖厂出土。长1.1厘米，宽1.1厘米，0.5厘米

《说文解字》中说：“印，执政所持信也。”印章是印于文件上表示鉴定或签署的文具，最早的铜质印章可以追溯到商代。印分官、私，春秋战国时期，官印已在公文往来中得到了广泛的使用。官印由官方制作，既是公文往来的信记，也是行使权力的凭证。当时书写公文的主要载体是竹简，写毕卷好后，需用麻绳捆扎，并在绳结处封以黏土，钤盖印记，烘干后发送。这块带字黏土就是大家所说的“封泥”。要打开书简就必须拆毁封泥，封泥上的印文又标明了发信人的信息，书信、文件的内容就因此得到了保密。

早期的官印因为要保证印面完整地钤在单简之上，所以尺寸都不大，印文多做成阴文，或铸造成形，或刻凿成文。印钮均设穿孔，以便系绳携带，“印绶”之“绶”就是指这种系于腰间用来拴印的丝带。西汉时期“印绶”制度已经有法可依：丞相、彻侯金印紫绶，诸侯王金玺盭（lì）绶；两千石以上的高官，如太常、光禄勋、太子太傅、郡守等配银印青绶；六百石至两千石的官吏，以及万户以上的县令，配铜印黑绶；二百石之上至六百石的下级基层官吏，以及不满万户的县长，配铜印黄绶。因而，这枚“王精”金印当属王侯一级的贵族之印。

自秦始皇统一度量衡之后，西汉历代皇帝并未再颁布统一法令，应是继续沿用了秦朝旧制的缘故。秦尺实物资料欠缺，山东出土的西汉前期铜尺合今 23.5 厘米。根据商鞅方升、故宫藏秦方升以及始皇方升，测得其一升合今 200 毫升，汉代基本继承了秦制。制作于汉宣帝五凤元年（前 57）的单柄椭方瓢形上林铜量也是绝好的物证。权即是衡器上的砝码，在古代多为铜制。战国时期，权或为环形，或为顶端带鼻钮的半球形。秦权形态则如后世的秤锤，有的作瓜棱形，每斤重 234.6 ~ 273.8 克。西汉铜权多标

◎ 上林铜量
西汉晚期，西安市文物商店移交。
高4.36厘米，口径10.2厘米×7厘米，柄长7.3厘米

明自重，每斤约250克。

西汉初期继承了使用秦制半两钱的传统，但是由于允许郡国、民间私铸，导致大量劣币进入市场，铸币失控甚至引发了诸侯叛乱。钱制混乱、货币失衡成为帝国发展道路上的绊脚石，及至汉武帝时，才收回了各郡国的铸币权，由中央政府统一铸造和发行货币，并实行盐铁官营等经济政策，为国家实现长久的繁荣昌盛提供了可靠保障。

经过先后六次币制改革，汉武帝才最终解决了立国以来的货币问题。他在中央设立了专门的铸币机构，由钟官负责铸造，辨铜负责审查铜的质量成色，技巧负责刻范。于元狩五年（前118）铸造面文“五铢”的圆形方孔新钱，重如其文，被称为五铢钱。西汉时期的五铢钱重量标准、形制规整、轻重适中，符合古代社会经济价格水平对货币单位的要求，所以又被东汉、蜀、魏、晋、南齐、梁、陈、北魏、隋等朝代先后铸造、使用，历时739年，成为我国历史上铸行数量最多、使用时间最长的铜钱。

国力的强大呼唤统一的思想，汉武帝即位后采用董仲舒的建议，罢黜百家、独尊儒术，在思想上讲求“大一统”“天人合一、德刑并举”，以及以“仁”为最高道德标准的三纲五常学说。汉武帝还在长安设立太学，其弟子经考试，能通一艺以上者可用作官吏，从此通晓儒家经典便成为入仕的主要途径。

儒家思想的盛行使玉成为君子的必佩之器，世人对玉的追求有甚于以往。东周时期人们曾经从玉的物理特征引申出“仁、智、义、礼、乐、忠、信、天、地、德”十种美好的德行，儒家学派继承了前人的传统，把玉器视作标榜君子思想道德及规范言行的重要工具。武帝尊崇儒术，将玉德与儒家君子品行相融合，“君子比德于玉”的观念深入人心。董仲舒在《春秋繁露》中提道：“玉润而不污，是仁而至清洁也；廉而不杀，是义而不害也；坚而不磬，过而不濡，视之如庸，展之如石，状如石，搔而不可从绕，洁白如素而不受污……” 白玉因为其洁白温润的品质更接近于君子的德行，所以时人对白玉、白子玉、羊脂白玉推崇备至，皇亲国戚也不例外，《后汉书·舆服制》上明确记载：“至孝明皇帝，乃为大佩、冲牙、双瑀、璜，皆以白玉。”

儒学还强调通过佩玉来体现尊卑等级，提醒人们注意自身的地位言行，这种佩王以组玉佩最具代表性。大型组玉佩兴始于西周，当时组佩流行项饰、腕饰，一般由多璜组成体系，身份愈高组玉佩愈长。大约春秋晚期，组玉开始系在腰间的革带上，由腹部垂至膝下，西汉早期继承和保留了东周佩玉的习俗和制度。组佩最上横卧的佩玉称为珩（héng），珩下端设三孔，各系一条连璜及方形的琚、瑀，再下系成对的冲牙（玉觿 xī）。冲牙为薄片弯角形，常见三种样式：一种是龙形冲牙，龙尾似长牙，龙头张口；一种为夔凤形冲牙，夔凤身弓起，张口，一爪踏于尾，尾端似长牙；再一种形似玉璜，一端为长尖，外侧琢精细纹饰。除组佩外，璧、璜、觿、龙形佩、韘（shè）形佩亦往往单独饰用。韘又称为决，《说文解字》曰“韘，射决也，所以拘弦”，说明它是古代射箭时套在拇指上拉弓的用具。最早作圆柱状，东周时期变为心形盾状，由实用器演变为佩戴的装饰品。鸿门宴上，范增三次举所佩玉玦示意项羽刺杀刘邦，这里的玦可能就是韘形玉佩。

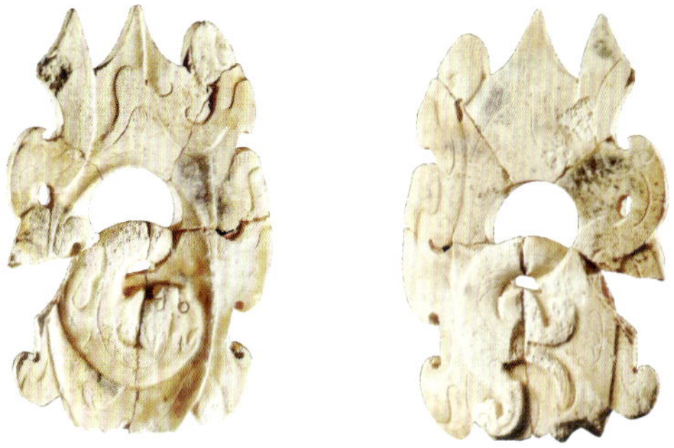

◎ 韘形玉佩

西汉，西安市新城区动物园出土。长7.1厘米，宽4.6厘米

《史记》载：“汉兴七十余年之间，国家无事，非遇水旱之灾，民则人给家足，都鄙廪庾皆满，而府库余货财，众庶街巷有马，阡陌之间成群，而乘字牝者傧而不得聚会。” 随着国力的增强，高祖所分封的大量异姓、同姓诸侯国势力兴起，出现了对抗、反叛中央的倾向，而北部的匈奴也时刻威胁着王朝的安全。为了纪念刘邦战胜项羽、统一天下、建立汉朝，汉代曾制作“汉并天下”的瓦当，但从刘邦翦除异姓诸侯到汉武帝击破匈奴，西汉政府前后用了70多年的时间才解除了国家的内忧外患，实现了真正意义上的“汉并天下”。

面对国内的分裂势力，汉景帝启用晁错削藩，任用周亚夫平叛；汉武帝又颁行“推恩令”，进一步削弱了诸侯王势力。面对匈奴的侵袭，汉高祖迫于国力选择了“和亲”政策，汉武帝则起用卫青、霍去病反击匈奴。这些重要举措都离不开强大军力的支持，帝王将相也把将士的形象制成人偶随葬于自己的陵墓。西汉的陶俑有着衣、塑衣之分。着衣俑仅用陶泥烧造出裸体人形，以丝绸、布料、皮革缝制衣服、铠甲等穿戴于俑身；塑衣俑则直接用陶泥制作出身着衣物的人物造型，与秦始皇陵兵马俑类似。

汉代的军队以步兵、骑兵为主，陶俑也以现实为参照，组成队列随葬于墓主身边。塑衣步兵俑多在外侧饰以彩绘，勾画出眉毛、眼睛、胡须、嘴巴等面部细节，染出鞋帽、衣物等全身着装。步兵以立姿为主，目视前方，右手持长兵器，腰间佩剑，武器因系木质多朽之不存。步兵的头发梳于脑后，绾成圆髻，头戴帻（包束头发的短巾），帻下缘的抹额为红色，当与汉高祖自称“赤帝子”及汉军用赤帜有关。步兵身穿长袍，前胸、后背穿戴有铠甲，下身穿宽裤，腿扎行藤（缠裹于小腿的护具），脚蹬草履。西汉帝王陵虽然也用成套的俑群随葬，但是为了节约民力，汉俑的体型比秦始皇陵兵马俑小了很多。汉代步兵流行使用“卜”字形铁戟，这种戟没有内，上有尖刺，

◎ 彩绘骑兵俑
西汉，西安市公安局雁塔分局刑警队移交。高53厘米

旁出横枝（相当于两周戟上的援）。柲在戟的侧面通过胡上的穿被缚紧，柲顶设青铜柲帽卡住戟体，用以加固，柲底可装铜镦用以感知横枝的方向。在汉代空心砖上就能见到“卜”字形戟的图像。

古文献中我国最早组建骑兵的实例当属赵武灵王“胡服骑射”的改革，不过当时战场上的骑兵还不是作战的主力，秦始皇陵兵马俑的军阵中已经出现混合编成的骑兵部队，但是数量不多。楚汉战争中，刘邦就曾因为项羽手下彪悍的骑兵部队，于彭城一役损失步卒十余万人。建国后，汉高祖在与匈奴的白登之战中，更是见识到了骑兵的强大威力。虽然在西汉建国前，刘汉集团已经注意到了骑兵的建设，但是无奈秦末混战致使国力凋敝，就连宰相也因缺少马匹而不得不乘牛车上朝，骑兵的组建还属奢望。汉文帝时开始实施“马复令”，对养军马的百姓，每匹免除三个人的徭役，极大地促进了马匹的饲养，至武帝时国家直接管理的军马已达五十万匹之多，为反击匈奴和对外扩张储备了必要的军事基础。与塑衣步兵俑一样，塑衣骑兵俑也饰满彩绘。骑俑头戴武弁，身穿交领战袍，下着紧身裤，穿戴蔽膝与尖头鞋。骑俑一般目视前方，双手垂于胯前作拉缰控马状，胯下之马，身无鞍辔，想要驰骋于疆场之上则需要骑士们掌握熟练的骑乘技巧。西汉用于作战的陶马，多耳如削竹，双目突出，形体高大雄健，四肢修长，尾向后高扬并在末端束有一结，应是能奔善跑的良马形象。

中国是弓弩的首创国，李约瑟在《中国科学技术史》中提到西方的弓弩很可能是从东方的中国经多次技术西传才到达欧洲的。据《礼记·缁衣》《韩非子·说林篇》等古文献的记录，我国在商代以前可能已经发明了弩机，徐中舒先生依据甲骨文“弘”字的形象断定殷代确有弩的存在，不过这些木制弩机到目前为止还未见到考古实物。学术界一般认为后世的弩机是春秋晚期由楚人创造的。战国以后弩普遍投入战场，西汉弩机在继承秦弩的基础上，增设铜郭加强了弩的稳定性，并在望山标识刻度以便远射瞄准。贵族使用的弩机常常装饰有复杂的纹饰，西安市未央区出土的一件西汉弩机，外表满饰错金银花纹，箭槽中间饰一支待发的箭，槽头左右置一对鸿雁，郭面上饰以猛兽追逐鹿、鸟于山林中的图像，山林间云气环绕，堪称艺术精品。汉弩以六石为常用，可射“六百步”，即今天260米远，是对抗骑兵的利器。汉朝政府曾在南郡设“发弩官”，专门负责制造弓弩；军队里由“强弩将军”“积弩将军”统领弩兵部队；《汉书·艺文志》中还有七篇关于弩机射法的专门篇章，可知汉时弓弩的普及和被重视的程度。

◎ 铜错金银弩机，西汉，西安市未央区范家寨出土。郭长11.8厘米，郭宽2.7厘米

汉武帝时期，中央政府的权威大为加强，国家的经济实力空前雄厚，军备力量日益充裕，具备了与匈奴一较高下的条件。汉武帝采用王恢的建议，从前133年到前119年不断地反击匈奴。以卫青、霍去病为将领的汉军，一改老辈保守的区域防守战法，常常率领骑兵部队飞驰千里之外，分道深入草原腹地，直击匈奴主力。经过三次大规模的战争，汉军最终取得了对匈作战的全面胜利。

用黄金铸币，始见于战国，例如“郢爰”。之后虽然历代多有金币，然而吸引人眼球又令人难忘的还是马蹄金、麟趾金。这类金币不仅外形特异少见，就其铸造缘由而论，也确实非同一般。《汉书·武帝纪》记载，太始二年（前95）汉武帝追忆自己曾西登陇首获白麟、在渥洼水出天马、于泰山见黄金的祥瑞事件，并用诏书的形式将这三者联系在一起，下令铸造马蹄金、麟趾金。马蹄金与麟趾金的铸造不仅源于汉武帝对上天的敬仰，将这种草原文化色彩浓厚的“马蹄形黄金”用于郊祀，也标志着汉武帝“一统中国”夙愿的实现。

◎ 马蹄金
西汉，西安市雁塔区鱼化寨出土。
左：长6.4厘米，宽5.2厘米，高3.4厘米；
右：高3.5厘米，直径5.6厘米

三、汉家衣食

经过汉初的发展与汉武帝时期的扩张，中原地区的经济水平与农业技术取得显著进步，政治文化空前统一，国家版图不断扩大，对周边国家和地区的影响与日俱增。在西汉帝国控制的庞大疆域之内，一个思想认知趋同、文化面貌一致、家国意识强烈的民族正在形成，它就是日后中华民族的主体——汉族，时称“汉人”“汉民”。

《墨子·兼爱中》说：“昔者楚灵王好士细腰，故灵王之臣皆以一饭为节，胁息然后带，扶墙然后起。”汉王朝的建立者中有很多人早先居住于楚国旧地，受楚文化影响较深，习惯于楚冠楚服，因此不但汉服吸收了不少楚国元素，就连汉代的审美之风也以“瘦”为美，乃至各种陶俑塑也做成扁平状，配以喇叭状的下摆，以体现汉人的审美情趣。西周贵族所谓的衣裳，即上衣下裳，属于上下身不相连的服装。到了战国时期出现上衣下裳连成一体的服装，名谓“深衣”，深衣以曲裾绕身，身份越高曲裾缠绕越多。这种衣服不仅浪费布料，也给行动造成极大的不便。秦汉时期对深衣进行了改革，形成了袍服——禅衣、襜褕（chānyú）和袍。禅衣是单层的薄长袍，由丝绸或麻布制成，比较轻巧，为汉时贵族的常服。襜褕是更为宽博的长袍，用厚丝绸、毛织物甚至貂皮制作，作外衣可御春寒秋凉。袍的形制和禅衣、襜褕相同，但袍有里有面，属于夹衣，在许多情况下填以绵絮作为冬季的服装使用。当时稍有身份的人物都穿二重或三重袍服。除了袍服以外，及于膝上的短夹外衣襦，是另一种广受欢迎的便服。上身穿襦，下身就需配以裳或裤，男子多穿合裆裤，亦称为“穷裤”。考古发现西汉男立俑往往眉目清秀，抿嘴含笑，身着三层右衽束腰深衣，交领阔袖，双手拢于袖内，交拱于前，儒雅之风尽显。当时上至皇后下到百姓，妇女均上身穿襦、衫，下身配以长裙。汉代的女立俑面庞清秀俊美，柳眉、凤眼善传以情，抿嘴含笑满面春风，体态修长，腰如细柳，裙似凤尾，给人以轻盈、潇洒而温柔的艺术美感。例如，博物院所藏抚琴女坐俑，面容姣好，端正坐于席，肘部轻轻抬起抚弄琴弦，虽未闻其音，仪态之优雅已让人沉醉。

两汉时期乐舞文化盛行，在中央设有乐府，专门收集民间乐舞，供宫廷享用。皇帝的后妃也多能歌善舞，汉高祖的戚夫人、汉成帝的赵皇后都是见于史籍的出色舞者。皇室贵族经常以乐舞为娱乐，有的宫廷乐人如丙强、景武等，因技艺高超而受到皇帝的宠爱，显富一时。两汉的乐舞在继承先秦传统的基础上，又融汇了国内少数民族的特点，吸收了西域各民族的精华，形成了我国乐舞历史上的一座高峰。汉宣帝杜陵曾出土了一件玉舞人，它生动地再现了西汉美女长袖起舞的场景。据文献记载，汉代对女性的审美是面容姣好，以唇红齿白、皮肤光洁为美；身材颀长，以体态轻盈，腰肢纤细，弱骨丰肌为美。玉舞人正是典型的汉代美女形象。玉人是汉代女性随身佩戴的装饰，多为圆雕，但是双人连体玉舞人在西汉并不多见。

◎ 玉舞人

西汉，汉宣帝杜陵出土。高10.5厘米，宽15.6厘米，厚6.1厘米

三代以玉为尊，所谓“古之君子必佩玉”。“带剑废佩玉”之礼大致始于秦代，秦简公六年（前409）令吏初带剑，简公七年（前408）百姓初带剑。《续古今考·广剑考》中说：“佩玉三

◎ 螭纹剑首
汉，西安市未央区红旗机械厂出土。高6.0厘米，长8.3厘米

代也，佩剑秦也。秦与三代之分无他，观其所佩而已矣。”汉承秦制，汉人视高祖剑斩白蛇为“天子即位”之征。汉初论功封赏，以萧何功劳最高，能够“剑履上殿”。佩剑成为功勋、贵族彰显地位的礼仪之一，汉昭帝之后“赐剑”成为奖励功臣、通好邻邦的礼仪。用玉饰剑始于春秋晚期，当人们发现剑与玉的组合可以达到威德相济的作用之后，玉具剑在上层贵族士大夫中流行开来，成为一种时尚。一把完整的玉具剑由剑首、剑格、剑璏（zhì）、剑珌（bì）四部分构成，西汉时期，佩戴完整玉具剑的人一般为诸侯王。从总体上来看，剑饰的玉雕技法以阴线刻为主，浅雕多为卷云纹、云雷纹，浮雕、圆雕多为螭虎纹等兽类纹饰。

西汉时瓷器还没有产生，所制的釉陶器因釉中含铅，不作为生活用具。青铜器依旧是上层社会使用的主要器皿，涉及社会生活的方方面面，吃、喝、玩、乐之具无所不包。器型多简洁朴素，造型和纹饰完全摆脱了商、周神秘、肃穆的礼制束缚，变得简单而实用。例如三眼青铜行灶，用铜铸造出灶身，前设烟筒，后开灶门，灶台上置三个铜釜，灶底设四个蹄足。这套铜灶可以拆解组装，适合携带，因此称为“行灶”。

西汉最时髦的青铜器当数染炉，以其看似熟悉的器形组合，常让不明

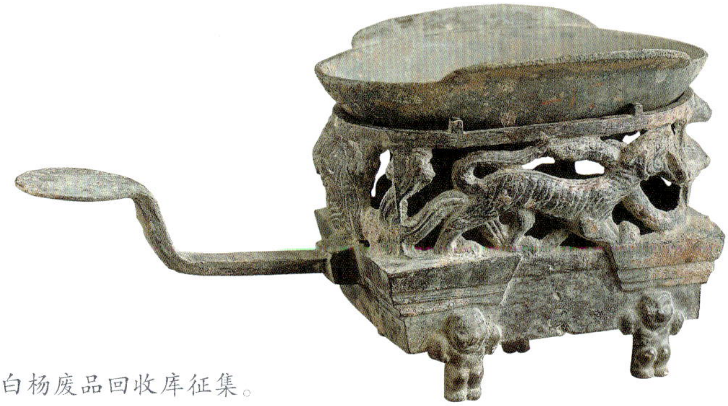

◎ 四灵铜染炉
西汉，西安市大白杨废品回收库征集。
耳杯高3.5厘米，长13.4厘米，宽10.5厘米；
执炉高9.3厘米，长24.1厘米，宽8.5厘米

就里的观众误以为是普通的温酒器具。这类多见于西汉中晚期的器物，以炉为主体，上置耳杯，下有承灰盘，实际用途更接近于今天的小型火锅。容庚先生根据文物上“染炉”的自铭，将这种器物定名为染炉或染杯。我国古代称调味品为“染”，中国国家博物馆所藏的染具上就有铭文“清河食官”，其用途已经相当清楚，为饮食之器。耳杯除了盛酒，在西汉也可以用于盛放调味品，马王堆汉墓就有盛放酱、盐耳杯的实例，湖北云梦西汉墓更有“酱杯十”的文字证据。染炉的用法与火锅相同，耳杯内盛放豆豉、佐料，炉下生火加热，将熟肉放入耳杯的酱料中涮食。青铜染炉在华北地区及四川、湖南等地都有发现，可见人们对于涮肉的喜爱。

汉代继承了周、秦重农的治国理念，农业发达，充足的粮食为酿酒提供了保障，酿酒技术也得以日趋成熟。除了谷物酒之外，还有乳酒、果酒，张骞通西域之后将葡萄引入中原，葡萄酒也较受欢迎。酒不仅是饮品之一，汉人也非常重视它的药用价值。湖南长沙马王堆西汉墓出土的帛书《养生方》

中就有 6 例酿酒之法；汉代的画像石、画像砖上，关于酿酒、酤酒和饮酒题材的图案层出不穷；《后汉书·列女传》所载，酿酒、备酒甚至是女性必须的“妇功”之一。司马相如与卓文君私奔至四川临邛，贫苦之下卖掉车马，买下一处酒肆酤酒为生，居然也能养活起小两口，汉人好饮之风可想而知。人们生前开怀畅饮，甚至嗜酒成性，死后也常常以酒随葬。常见的青铜酒器除了耳杯、壶以外，还有樽、扁壶、鈚（xiàng）镂、鐎（jiāo）盉、鐎斗等，考古发掘中还能见到蒸馏酒具。

樽是汉代最主要的盛酒器，因外形似筒状，所以被称为筩（tǒng）形樽，“筩”即筒也。山西右玉出土的一件筩形樽上有铭文“中陵胡傅铜温酒樽”，可知筩形樽用于装酒是确信无疑的。据孙机先生研究，铭文中的“温”实属“醞”的借字，醞酒又名酎酒，是经过连续投料法重酿而成的清淳醶（yàn）冽之酒，为了防止酒力发挥过猛，可置于冰鉴中冷饮。除了本朝的特色酒器外，汉人也使用前朝已有的器型，例如秦人的铜扁壶。我们今天叫其为扁壶，能追溯到宋人《博古图录》中“匾壶”的称呼。扁壶与茧形壶、蒜头壶同为秦人最富特征的器物，有的扁壶上自铭为“榼（kē）”，汉代木牍上则将其记为“鉳”，与“椑”字通假。因此李学勤、孙机等学者主张将其命名为“椑”。秦人的扁壶可能源自西周晚期的青铜扁体盉，这种盉自春秋以来就一直为秦人所用，秦式扁壶当是在这类扁体容器上发展

◎ 河间食官铜扁壶
西汉，西安市大明宫乡出土。高30.4厘米，腹径31.1厘米×10.5厘米

而来的，随着秦人的崛起又扩散到关中、四川、河南、湖北等地。扁壶为盛酒容器，河北平山战国中山王墓出土的扁壶中就装有酒。

2007年，西安市张家堡出土了一件青铜蒸馏器，分别由器盖、筒形器（含箅隔）和鍑（fù）组成。据学者研究，这套蒸馏器采用下火上凝法，可以实现外接盛露和内接盛露两种取液方式。通过加热放置在鍑内的被蒸馏物，让获取目标气化上升，通过筒形器到达顶部的器盖，筒形器设箅隔以防止被蒸馏物上溢。器盖外盘盛以冷水，高温气体遇冷在器盖下凝结成露水，露水汇集后顺器盖下接的盘分散到筒形器底部四周，最后经设在筒底的小流导出。这种取液方式即为外接盛露。内接盛露与此略同，只须堵塞筒形器底端小流，拆掉器盖下部盘体，并在箅隔上放置接露容器即可。外接法便于连续操作；内接法每次集满目标液体都需打开器盖取出容器，虽不能连续操作，却能够保温，这一点对于冬季饮酒尤为有用。关于西汉时期的这类器物是否用于制酒争议颇多，近年西汉海昏侯墓出土的蒸馏器内残存粮食，又出土于墓葬酒库，为蒸馏酒具的观点增添了力证。当然，铜质蒸

◎ 青铜蒸馏器

新莽，西安市张家堡出土。器盖高18.8厘米，直径23.2厘米；筒形器高35厘米，直径23.4厘米；铜鍑高9.6厘米，腹径16.4厘米

馏器也能用于制备丹药、花露，其蒸馏原理与酒并无太大区别。其实酒在古代也是一种药剂，蒸馏制药与蒸馏制酒很可能是同步发生的。

除了饮食，汉人还十分注重日常生活的情调，铜灯、薰炉等制作精巧，铜洗、铜镜等寓意吉祥，例如将室内常用的薰炉做成鸿雁的形状。两周时雁被视为一种信鸟，是用于缔结婚姻的纳彩或者大夫相见时的贽礼。鸿雁亦可传书，其故事见于《汉书·李广苏建传》。汉武帝时苏武秉持汉节，拒不投降匈奴，被流放到北海（今贝加尔湖一带）牧羊。汉昭帝时与匈奴议和，汉使向匈奴索要苏武，单于撒谎说苏武已死。汉使骗单于说大汉天子在上林苑射得一只大雁，雁足绑缚的书信中说苏武等人在荒泽之中。单于大惊，遂释放了苏武等人。此型薰炉做成雁形，是否有感于苏武的故事我们不得而知，但其中所寄托的良好夙愿是显而易见的。

◎ 鸿雁形青铜薰炉
西汉，西安市南郊三兆出土。高15.5厘米，长18.5厘米，宽9厘米

西汉是我国铜镜制作的高峰之一，将各种吉祥用语铸造于镜背属于汉人的首创。在铜镜上用铭文表达美好的祈愿，不仅体现了汉民族的精神自信，更是将铜镜美学发展到了一个新的阶段。常见的湅（liàn）治铜华镜铭文为“湅治（冶）铜华清而明，以之为镜宜文章，延年益寿去不羊（祥），与天毋亟如日月之光，千秋万兮”。古时人们通过日月的运行情况和气温、环境的变化推算节气时令，以此指导生产耕作和祭祀，对日月的崇拜不言而喻。周代天子礼拜日月，以求得神明对社稷的庇佑。楚人称日神为东君，认为日神有射杀天狼、普照万物、惩除邪恶的伟大功绩。《史记·五帝本纪》载：“日月扬光，海水不波，山不藏珍，皆是帝德广被也。”

◎ 彩绘车马人物镜
西汉，西安市未央区红庙坡出土。
直径28.1厘米

日月同辉是政治清明、天下祥瑞的象征，以日月之光铭于铜镜之上看来也并非偶然。西安市未央区还出土了一面罕见的西汉彩绘车马人物镜，镜背用四个琉璃珠等分出四组故事画，即谒见、对语、射猎、归游，共绘有十九个人物、七匹马、一辆车、六棵树。此镜的绘纹、饰彩方式在西汉时期实属罕见，画面构图缜密，勾勒饰彩技艺高超，既是反映当时社会生活的实物资料，又是一件不可多得的艺术珍品。

四、走向世界

汉武帝为了联合月氏合击匈奴，曾经于前138年、前

119 年两次派遣张骞出使西域。张骞第一次到达大宛、康居，最后到达了今阿姆河流域的大月氏。第二次张骞从乌孙返回长安，分遣副使到达安息（帕提亚帝国的波斯）、身毒（天竺）、奄蔡（里海北岸）、条支（塞琉古帝国的叙利亚）、犁轩（托勒密帝国的埃及）等地，稍晚各国相继派遣使节进行了回访。

虽然两次出使西域都没能实现原定的目的，但是张骞的壮举拓宽了人们对于“天下”的认知，打通了连接亚欧大陆的丝绸之路，使埃及、两河流域、印度、波斯、希腊、北亚草原与中国得以进行东西方古老文明的直接对话与交流。中国的影响力由此直达葱岭以西，并同中亚、西亚，乃至欧洲建立起密切的往来联系，汉民族和汉文化通过丝绸之路被当时的世界广为熟知，司马迁以“凿空”来盛赞张骞的功绩。

西汉王朝在同西域各国的交往过程中，逐渐认识到丝绸之路在国家战略安全与经济贸易等方面的重要作用，遂采取了一系列外交与军事行动，

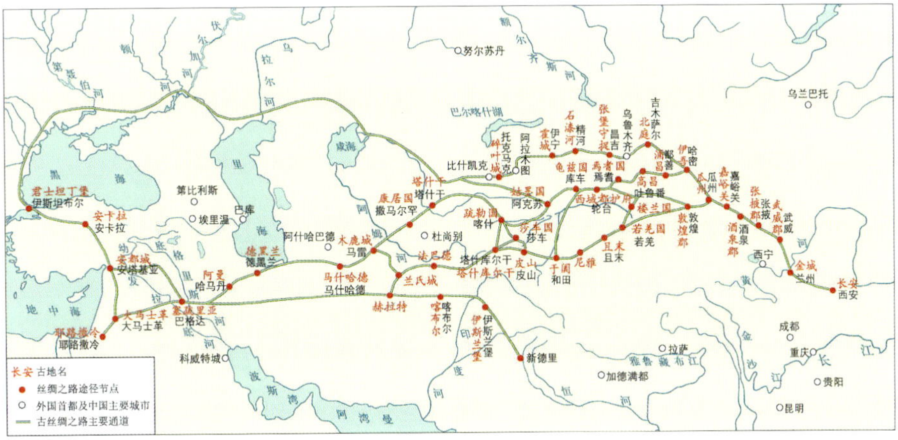

◎ 丝绸之路主要通道示意图

在控制了河西走廊和西域诸国后，移民屯田、设置关隘郡县、修建长城烽燧。前60年，汉宣帝设立西域都护作为中央政府派驻该地的最高行政军事长官，治所在乌垒城（今新疆轮台），辖西域三十六国。这些举措有效地维系着丝绸之路沿线的安全与畅通。

中国的水稻、家猪、家蚕、丝绸、钢铁制品、漆器正是通过这条陆上动脉传入印度、西亚，甚至欧洲的。考古学家曾在连接罗马帝国和东方贸易的丝路重镇帕尔米拉（叙利亚首都大马士革东北）发现大量的汉代纺织品。由于种种原因，运抵罗马的丝绸价格昂贵，罗马皇帝奥勒良就曾抱怨一磅丝绸竟能卖到12盎司黄金（1盎司合1/16磅，约为28.35克），但这丝毫不影响人们对丝绸的狂热追捧。中国的家蚕饲养技术、纺织技术、钢铁冶炼技术也通过西域走向世界。早期西方的平纹纬锦就是在研究中国丝绸工艺的基础上产生的；印度梵文中的钢，有一词作“Cinaja”，意为秦地生，秦即中国，可见中国铸铁技术对印度也产生过影响。汉武帝时，关中工匠

◎ 两种汉绮组织对比图：（左）马王堆出土，（右）帕米尔拉出土

发明的井渠法传入西域，这便是新疆坎儿井的技术来源。

交流是双向的，汉民族也通过丝绸之路源源不断地获取新事物、学习新知识。据史书记载，从西域传入的作物品种颇多，如苜蓿、胡麻（芝麻和亚麻）、蓖麻、胡荽（芫荽）、胡椒、胡豆（豌豆、蚕豆、绿豆等）、葛芭、菠菜、胡瓜（黄瓜）、胡萝卜、西瓜、葡萄、石榴、胡桃（核桃）、金桃、波斯枣、无花果、巴旦杏、齐墩果、奈（绵苹果）等。

除了上文所列的农作物外，另一种来自西域的知名作物就是大蒜。一般将中亚吉尔吉斯斯坦的沙漠地区视为大蒜的原产地。据史料记载，中原的大蒜是张骞出使西域后带回的。其实，在战国晚期之时，秦国就出现了一种特征鲜明的器物——蒜头壶，这种口沿下有一周蒜头状装饰，细颈、圆腹、附以圈足的储酒器，后来随着秦的统一战争扩散到中原和楚地。这一史实暗示我们，秦人或已引入大蒜，或者引入类似的器物，但不论哪种情况都说明丝绸之路开通之前中西方的文化交流一直存在。

汗血马也是颇具传奇色彩的引入物种。张骞出使西域时，曾在大宛国（今费尔干纳盆地）见过一种能够“日行千里，夜行八百”的良马，因为会从肩膀附近流出像血一样的汗液，故称“汗血马”。汉武帝听闻之后，便派使者携带千金及一尊由黄金铸成的金马，去大宛国首都贰师城（今土库曼斯坦阿斯哈巴特）求取汗血马。大宛国王非但没有准许，反而因贪恋金马劫杀归国途中的汉使。汉武帝大怒，两次派遣李广利率领庞大的军队攻打大宛国，迫使对方答应了为汉朝选送良马的请求。1981年，茂陵出土了一件鎏金铜马，马头细、颈高、肩部弧度好、耆甲高、胸窄、背长、臀部窄而有力、四肢修长，正是史籍所载的汗血宝马，即今天产于土库曼斯坦的阿哈尔捷金马。

骆驼的重要作用也因为贰师将军李广利两次西征大宛而为中原王朝所认识和接受。骆驼在中国古文献中称为“橐（tuó）驼”，《逸周书》记载，西周成王时骆驼就被当作礼品从西域一带进献给王室。春秋战国时，《山海经·北山经》《战国策·苏秦说楚威王》等文献中已经有了关于骆驼习性与饲养的记录，湖北楚墓中甚至不止一次出土过人骑骆驼铜灯。西汉文帝时，为了抗御边患，国家将大批军粮“输粟于边”，骆驼与牛、马、驴、骡一道作为运输畜力使用，开启了我国大规模饲养、使用骆驼的先河。但是真正让骆驼发挥出自身价值的事件莫过于丝绸之路的开辟，尤其是李广利第一次西征大宛，传统的后勤给养方式无法保障军队孤军深入、长途奔袭的需要，导致战争失败。在二次征伐大宛时，汉军总结失败的教训，动用数以万计的骆驼随军“负食”，保障了作战的成功。这一事件大大提高了中原王朝对骆驼战略性能的认识，使“沙漠之舟”成为丝绸之路上必备的交通工具，我们甚至在西汉首都长安地区发现了骆驼陶俑的出土。有趣的是在洛阳邙山出土的一件西汉陶井栏上，骆驼同风神、飞廉、青龙等主宰风雨的神、

◎ 陶骆驼
西汉，西安市南郊沙坡砖瓦厂出土。高76厘米，长97厘米

兽并列，可见知水源、善归路的骆驼已然成为人们行走于商路的庇佑祥瑞。

《史记·货殖列传》中有关于东南亚通过海路输入我国龙脑香的记录，汉通西域之后，还从陆路自西方输入苏合香。高级香料的输入，改变了我国传统熏炉的形态。室内熏香在战国时就已出现，当时使用禾本科的茅香，茅香虽然易得，但香气不甚浓郁，这种香草干燥后可直接引燃。而来自境外的龙脑、苏合等为树脂类香料，须置于其他燃料上熏烧。早期浅炉身、平炉盖的豆形熏炉显然不便于外来高级香料的使用。为了熏烧龙脑、苏合等香料，后来的熏炉把炉身做得更加深厚，例如博山炉。

不仅中亚、西亚地区的物产通过丝绸之路源源不断地输入我国，属于欧洲文明的神像、钱币也通过这条国际贸易商道传到了长安。在西安市未央区红庙坡河滩农场出土了一件罕见的青铜小翼人，铜人为肩生双翼的裸体幼童形，颈戴珠圈，手拿小钹合于胸前，与西方神话中的Eros十分相像。Eros一般译为厄洛斯，是古希腊神话中的神，被认为是一切神灵情爱的化身，其形象一度为手拿弓箭、光着小脚丫、长有一对小翅膀的淘气小男孩。西安市雁塔区还曾发现外文铅饼，直径5.3厘米，圆形，一面凸起，一面内凹，凹面有传写失真的希腊文。类似的铜饼、铅饼在甘肃灵台枣树台、陕西扶风姜嫄、西安汉城等地均有发现，虽然与西方文化关系密切，但具体用途一直不明。近年，扬州一座西汉墓中出土26枚龙纹、龟纹铅饼，饼上均有“少”字篆书戳印，与“少府多银锡”的说法对应。

◎青铜小翼人

西汉，西安市未央区红庙坡河滩农场出土。高3.2厘米，宽2.2厘米

据推测，这批铅饼属于汉朝官方铸造的可能性比较大，为揭开铅饼用途之谜提供了新的线索。

西安市未央区卢家口村出土的小金灶，系仿照实物炉灶制成，虽然仅 3 厘米长，但灶门、灶膛、灶台面、釜和烟囱一应俱全，灶台上的釜盛满粟米。一般认为金粟米寓意“金丹”，此灶即是模仿炼丹的丹灶之形。物件虽小却采用了焊缀金珠和宝石镶嵌等制作工艺。焊缀金珠系南欧、西亚所盛行的金银器制作技术，其方法是将金银片剪成丝、切成段，通过加热使其熔成小粒，用时连缀焊接。宝石镶嵌也不是我国的技术传统。这件金灶应该是采用外来技术制作的本土产品。

◎ 金灶

东汉，西安市未央区卢家口村出土。高1.2厘米，长3厘米，宽1.7厘米

除了经营丝绸之路，汉武帝还派兵攻灭卫氏朝鲜，击破闽越之地，征服西南夷，设立了一系列的郡县将其纳入汉朝的版图。汉武帝的内、外国策将西汉推向了全盛，然而连年的征战和不休的土木工程，极大地消耗了国力、民力，激化了社会矛盾。晚年的汉武帝已经认识到了这些问题，并着手进行纠正。继任的汉昭帝、汉宣帝也吸取了相关经验教训，采取稳健发展的政策，使社会生产、生活逐步恢复了平静，但土地兼并与人口私有化的问题日益突出。8 年，外戚王莽篡取了西汉政权，建立新朝，并进行了一系列改革，试图重振王朝雄风。然而事与愿违，改革失败使王朝覆灭于绿林、赤眉起义的战火之中。东汉政权迁都洛阳，直到汉献帝被董卓挟持到长安，长安才又短暂地恢复了帝都的繁华。可是好景不长，汉长安城最终在之后接连不断的战乱中惨遭破坏。

乱世残垣

魏晋南北朝的长安城

经过黄巾起义的打击，腐朽的东汉名存实亡，中国进入魏晋南北朝的分裂期。在近 400 年的时间里，割据势力攻伐不断，少数民族入主中原，政权更替频繁，社会动荡不安。战争一方面带给人们无尽的苦难，另一方面也促使这些来自天南地北的族群在冲突与交流中走向融合。

长安城虽然在战乱中已成残垣断壁，但仍然得到了不少政权的垂青，成为首都所在。前秦、后秦的少数民族政治家还重用汉族人才发展生产，尤其是西魏、北周的统治者继续施行均田制、府兵制等改革措施，为隋唐的统一和繁荣奠定了必要的社会基础。

一、纷争磨合

汉末的战乱使长安城毁之殆尽，曹操统一北方后又将政治中心放在河北临漳的邺城，魏文帝曹丕则将首都迁至洛阳，长安的地位一落千丈，城市也变得残破不堪。后来司马氏夺取了曹魏政权，在洛阳建立西晋，并于280年统一了全国。然而，这个仅存在30多年的王朝，有16年都在经历“八王之乱”。经过一系列混乱，末代君主晋愍帝在长安被推举为皇帝时，城中甚至户不满百。没过多久，这个西晋小朝廷就被匈奴军队攻灭了。西晋之后，南北分裂，北方先后有多个少数民族建立割据政权，即史书上所说的“十六国”与“北朝”时期。其中，前赵（匈奴）、前秦（氐族）、后秦（鲜卑）、西魏（鲜卑）、北周等政权均以长安为首都，合计126年。

这些王朝都对汉长安城进行过一定程度的维修甚至增建。前赵时，先后建成光世殿、紫光殿，并在长乐宫东侧复立太学，在未央宫西部设立小学。前秦皇帝苻坚，则在未央宫南置听讼观。后秦修造了朝门、东华门、灵台、文武苑。西魏不仅重修了未央宫，还营建了乾安殿、逍遥观、凭云观等。在长安城中修缮、添设建筑最多的当是北周，新建了延寿殿、正武殿、紫极殿等一系列宫殿。正是历代朝廷对长安城的不断修缮，才使城内一些建筑得以大体保存，城市格局也基本维持了当初的风貌。可惜乱世之中的长安城因为政权更替屡遭洗劫，再也没有办法恢复昔日的光彩。

由于战事频繁，搏斗激烈，不论是步兵还是骑兵都全身披甲。步兵往往头戴兜鍪（móu），上身外披甲衣，下身裤外还加甲裳。两晋十六国时期，全副武装的重骑兵是战场上的主力。当时马鞍已经普遍使用，西晋时出现了用于上下马的单侧马镫，后来发展为双马镫，使骑者能够通过马镫来控制战马运动。马镫是人类历史上一项具有划时代意义的发明，它将人的双手从马背上解放出来，使骑兵可以在飞驰的战马上完成高难度的动作，这极大地影响了人类历史的进程，是中国人对世界的一大贡献。这一时期，流行战马全身披甲，称之为具装铠马。具装，通常由保护马头的“面帘”，保护马颈的“鸡颈”，保护马胸的“当胸”，保护马躯的“马身甲”，保护马臀的“搭后”和竖立在马臀部的“寄生”这六部分组成，使战马除耳、目、口、鼻以及四肢、尾巴外，全身都得到铠甲的保护。

战乱让中原的汉人向外迁徙，给周边地区带去了先进的生产技术；战乱也使周边少数民族在接触到先进文明的同时，将新的文化要素带入中原，为华夏文明的发展注入了新的活力。长期的分裂、冲突，促使各民族不断寻找交流、磨合的途径，原有的隔阂与成见在反复的冲突与融合中逐渐消失。大家在语言文化、风俗习惯与生产生活方面日渐与汉族趋同，入主中原

◎ 彩绘具装铠马俑

十六国，西安市灞桥区洪庆原出土。高38.7厘米，长40.9厘米

的少数民族一步步融入以汉族为主体的民族与文化中来。据研究，北方的乌桓、匈奴、鲜卑、羯、氐、羌，南方的山越、蛮、俚、僚、爨（cuàn）等部族都有大量人口融入汉族之中。政权的不断更替与战争的频繁发生沉重地打击了汉晋以来的门阀世族，在胡、汉贵族碰撞与融合的背景下，以陕西关中为核心的关陇贵族集团成形，他们先后创立了西魏、北周和隋、唐四朝，引领着国家一步步走向统一。

均田制、府兵制等一系列重要的社会制度也在此时酝酿诞生。由于战事频发，百姓流离失所，导致大量田地无人耕种变为荒野，影响国家的正常发展。北魏太和九年（485），政府颁行均田令，将国家掌握的土地分配给农民，农民向政府交纳租税。西魏的实际统治者宇文泰于550年在均田制基础上创建了府兵制，特点是兵农合一，闲时是训练、耕作的农民，一旦遇到战事就自备马匹、武器，成为从军打仗的府兵。这两项制度一直沿用到唐代天宝年之后，对隋唐盛世的贡献功不可没。这些变化为我国封建社会进入鼎盛阶段作好了各方面的准备，成为汉文明向隋唐文明过渡过程中不可或缺的桥梁。

二、北朝气象

纷繁的战争阻挡不了人们对美的追求，西域文化由于中原割据政权忙于战事，反而得以无所拘束地不断输入中原腹地，胡乐、胡服与佛教一起在中原生根发芽。

曹魏时，文人作词并配以曲调奏唱逐渐形成风气。至两晋，度曲填词成为社会时尚。南朝人将这种音乐称为清商乐，多作日常娱乐之用，比如曹操的《短歌行》。十六国时期，天竺乐、龟兹乐先后传入河西，在龟兹乐基础上产生的西凉乐大约在北魏时传入中原地区。龟兹乐、西凉乐中常见的乐器有箜篌、琵琶、笙、箫、筚篥（bìlì）、腰鼓、铜钹等。这些乐器不仅见于绘画、雕刻，陶俑之中就有不少伎乐女俑，比如长安区凤栖原出土的彩绘吹筚篥女俑。筚篥即觱（bì）篥，又名必栗、悲篥，是以芦茎为簧，以竹或木为管的竖吹双簧气鸣乐器。筚篥约在十六国时期从西域传入内地，逐渐在中国宫廷乐中得到发展，隋唐时在乐舞中使用甚广，盛极一时。

北魏建立后，采用了较为开明的文化政策，对内吸收和利用汉文化，对外保证河西走廊上中西交流的畅通，促进了各国之间的商贸来往。《洛阳伽蓝记·城南》记载“自葱岭以西，至于大秦，百国千城，莫不欢附。商胡贩客，日奔塞下”。不仅是西域商人，就连更远地区的东罗马帝国商人也来到中国经商。当时在洛阳城御道以西设有四里，其中的慕义里即是暂居或驻留洛阳的西域使节及商人的聚居区；城南的崦嵫（yānzī）馆则专门接待来自西域的使节和商人。西安等地还出土有东罗马金币，它们无疑是中西交通贸易的见证，这些珍贵的外币流入中原后往往被用于进献、陪葬或贮藏。

◎ 彩绘吹筚篥女俑

十六国，西安市长安区凤栖原出土。高27.5厘米，宽14厘米

两汉之际，源于印度的佛教，也随着商旅、

◎ 鎏金铜坐佛
十六国，西安市长安区石佛寺出土。高13.2厘米

使节的活动，沿着丝绸之路向中原传播。三国时，已有西来的僧人到达洛阳。入晋后，一些佛经传入内地，洛阳和长安成为译经中心，高僧竺法护就曾在长安翻译佛经。十六国及北朝，北方政权多为少数民族建立，他们对传统儒家思想难免生疏，常借助佛这个“戎神”来帮助其维护统治。前秦苻坚崇信佛教，特意命大将吕光进攻龟兹、焉耆，以迎接名僧鸠摩罗什。可惜因苻坚被害而未果，鸠摩罗什停留凉州。直到后秦，姚兴灭了后凉，才最终将鸠摩罗什迎至长安。鸠摩罗什是第一位把大乘佛经传入中国的人，因其精通中国语言和文化，所译佛经不但质量高，而且很适合中原的风土人情。西魏、北周的几个统治者也都是好佛之人，北方因为社会动荡、赋税劳役负担沉重，于是百姓假信佛教以逃避之。这些情况使佛教及寺院经济迅速发展，占据了国家大量的劳力、土地与财富，在政治、经济上与政府及世俗地主的矛盾日益突出。574 年，继北魏太武帝之后，北周武帝宇文邕发起了中国历史上第二次大规模的灭佛运动。

北朝时期，在众多的西域商人中，来自中亚的粟特人成为来华经商、互通有无的主力。他们生前居留中土，足迹遍布中原，带来了祆教、金银工艺以及音乐舞蹈，死后视北朝为故乡，把根脉永远留在了东方。史君墓彩绘石堂的主人正是这样一位来华的粟特萨保。石堂为歇山顶殿堂式建筑，面阔五间，进深三间。正面门扉两扇，门头置粟特文、汉文双语刻石，左右对称设直棂窗，窗下各立一个人身鹰足的祭司。自左墙起沿顺时针方向，浮雕壁画内容依次为说法祷告、夫妻抱婴、狩猎商旅、露宿贸易、夫妻宴饮、出行送别、葡园赛祆、飞天救人、裁判之桥、翼马引渡、天国飞行。石堂内顶用朱砂绘出建筑结构，内壁有分栏壁画，目前仅存部分树叶和葡萄纹。据刻石文字记载，墓主为史国人，属于“昭武九姓”，本居住于西域，后迁居长安。其家族曾历任萨保，即商队首领。史君本人出生于北魏孝文帝太和十七年（493），担任过北周凉州萨保，妻子亦是“昭武九姓”之人。史君夫妇是粟特人，石堂浮雕的内容与纹样具有强烈的粟特文化因素，但以中国传统建筑式样的棺椁和埋葬方式处理身后之事，说明他们正逐步融入汉文化之中。

◎ 史君墓彩绘石堂
北周，西安市未央区井上村出土。
高1.58米，长2.5米，宽1.55米

盛世长安

誉满天下的隋唐国都

经过360余年的割据、纷争，华夏文明积蓄的力量终于伴随着隋、唐王朝的建立展现于世，迸发出耀眼的光芒。这是一个让中国人心潮澎湃、骄傲不已的时代，中华文明发展到了古代社会的巅峰，国际声望也达到了令后世难以企及的高度。首都长安成为亚洲东部人口最多、城市规模最大、经济科技水平最高、制度体制最先进的国际化中心城市；周边各国竞相发展同中国的贸易往来，学习中土的先进文化；长安不仅成为丝绸之路的东方起点，以其为核心的东亚文化圈也逐步成形，影响了东亚社会近千年的历史进程。

一、繁荣先声

581年，北周隋国公，曾任大司马、大后丞、大前疑的上柱国杨坚，取代北周建立了隋朝，改元“开皇”，定都长安，史称隋文帝。隋文帝继续北周武帝未完的事业，北定突厥、南征伐陈，统一了全国。

隋唐两朝的盛世离不开先进制度的支撑，其中三省六部制、科举制和律法对当时和后世的世界产生了深远的影响。隋文帝即位后，总结东汉以来，魏晋、南朝的历代制度，在中央建立起内史（原系中书省，避杨坚之父杨中讳，唐时复称中书）、门下、尚书三省。其中，内史省负责草拟和颁发政令，属决策机关；门下省负责审核政令、驳正违失，是审议机关；尚书省负责执行政令，即为执行机关。三省长官均为宰相，对皇帝负责。尚书省作为政务机关，下设吏、度支（民）、礼、兵、都官（刑）、工六部，分别管辖官吏任用、户口赋税、礼仪、军政、刑法和工程建筑。

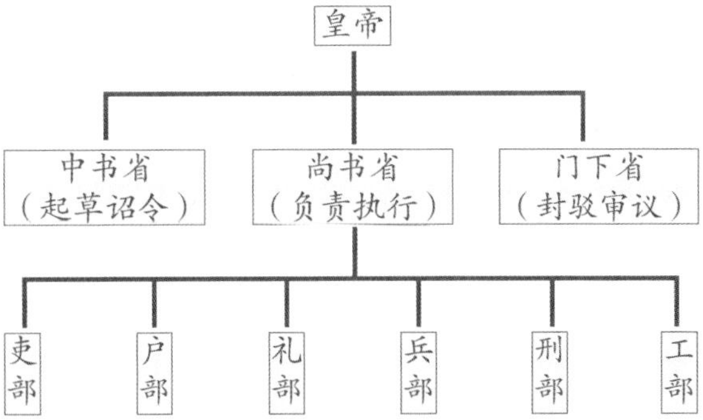

◎ 三省六部制示意图

隋文帝在地方上设州、县两级制，炀帝时改为郡、县两级制。隋朝废除了秦汉以来地方长官自行聘用僚属的惯例，规定九品以上的地方官吏由中央统一任免，州县属官每三年一换，不得使用本地人。北周时在汉长安城一带设置万年县，万年之名始与长安相关。隋文帝开皇三年（583），迁新

◎ 万年县陶印
隋代，旧藏。印面5.4厘米×5.4厘米，厚1.3厘米

都，因其本人曾为北周大兴郡公，故都城曰大兴城，万年县亦改称大兴县。唐武德元年（618），又改称万年县，天宝七年（748）一度改为咸宁县，乾元二年（759）复名万年。这方县印应是文帝迁都大兴城前的官印，沿用了北周时的旧称。隋统一全国后，将官印的形制加大，百官通用，印归官府保管，官吏不必佩印。隋代印文也一改前朝以阴文为主的传统，大量使用阳文，在字体上有向篆书回归的特点。

隋朝两代皇帝都非常重视教育与人才选拔，文帝在中央设置了专门的教育机构国子寺，炀帝时改为国子监，此后历代都设国子监，一直持续到清代。隋文帝废除了以九品中正制选拔人才的办法，曾以“志行修谨、清平干济”两科举人。炀帝大业年间始建进士科，学术界一般将进士科取士视为科举制的开端，这一制度也为后世沿用，直到1905年才被废除，在我国施行了1300年之久。据统计，通过科举选拔出的进士超过十万名、举人超过百万名，不仅为我国古代社会选送了大批优秀的政治、管理人才，更是直接影响了西方现代文官制度的形成。

隋代的《开皇律》，内容完备，疏而不失，律文仅十二篇、五百条。废除了枭首、车裂、连坐等一批酷刑；规定民有冤屈县为不理者可逐级上告，直至中央朝廷；死罪须经中央大理寺三审复奏后，才能决定行刑。这种删繁就简、以轻代重、化死为生的做法，对后世法律的制定产生了深刻影响。

开皇元年（581），隋朝继续推行均田制，限制土地兼并，保证农民受田生产。在均田制的基础上，颁布新的租庸调制。租即田租，缴纳实物粟米；

◎ 黄釉乐舞女俑一组
　隋代，西安市长安县（区）贾里村出土。高18～25厘米。共三件，舞俑一件，乐俑两件

庸则是力役，替政府服劳役；调是户调，一般男丁随乡土所产而纳。新制减轻了赋税劳役，使农民有更多的时间从事农业生产。这两项制度后来被唐朝沿用和推广。隋代还改革了西魏、北周的府兵制，使府兵与民户一样受田生产，轮番宿卫，战时出征。这种“寓兵于农”的制度，既有利于社会长期动乱后的生产发展，也易于减轻国家的财政负担。

隋炀帝即位后，为巩固统一，加强南北物质文化交流，开通了纵贯海河、黄河、淮河、长江、钱塘江等水系的大运河，为唐代乃至后世的繁荣建立了条件。他还首次提出了“混一华戎”“无隔夷夏”的民族开放政策，并积极经略西域，推动地区贸易与文化交流。炀帝主动出击，派遣使者到周边邻邦及更远的地区，引导诸民族到中原来开展贸易活动。他在全国设

◎ 董钦造鎏金阿弥陀佛像
隋代，西安市雁塔区八里村出土。高41厘米，座长24.6厘米，宽24厘米

立了管理周边少数民族的“四方馆”，对于外来的留学生也予以热情的接待，甚至在京师大规模宴请来自各国的使团、商人。《隋书·地理志》记载，首都两市内“俗具五方，人物混淆，华戎杂错，去农从商”。来自西域的音乐在隋代也非常流行，曲项琵琶、竖琴样的箜篌、筚篥、羯鼓等这些西域乐器深受人们喜爱。隋“九部乐”中有五部都是西域音乐，隋炀帝任用龟兹乐师白明达为中土大造新声之后，更使得龟兹乐在隋代独秀天下。

隋文帝一改北周武帝“毁佛灭法”的政策，“普诏天下，任听出家，仍令计口出钱，营造经像”，在位23年间竟修建了3792所寺院。炀帝更是自称“菩萨戒弟子”，大力扶持佛教，在位11年铸刻新像3850躯。隋唐时中国佛教先后出现了8个宗派，天台宗和三论宗就是在隋朝诞生的。这一时期，普通百姓最为熟知的当属净土宗信仰，董钦造的鎏金阿弥陀佛像是隋代不可多得的造像精品。刻文显示，该造像铸造于开皇四年（584），由河北武强县县丞董钦捐资供养。造像一铺五尊，由一佛、二菩萨、二天王和香薰、莲台、四足高床式台座以及背光等附件组成，均单独铸造，设插榫孔眼，能够组装、拆卸，以方便移动供养。主尊阿弥陀佛后排居中，两胁侍菩萨脚踩莲花靠前分立左右，两尊力士护卫于菩萨之前，中央置香薰，高足基座前脚左右各蹲一只护法狮子。台座右侧、背面镌刻着发愿文及赞词。净土宗也属佛教八宗之一，虽然产生于唐代，但“净土思想”在东晋已经出现。这一宗派主张闻念“阿弥陀佛”，或者观想“弥陀、观音、势至”而升起信仰，即能被接引到“佛国净土”。因为理论简单、修行简易，所以在普通民众中传播广泛，隋代出现了“家家阿弥陀，户户观世音”的景象，董钦造像正是这一情形的真实再现。

白瓷烧造技术的成熟是隋代对后世的又一贡献。这种脱胎于青瓷制作技术，釉料含铁量不高于0.75%的新型制瓷技术虽然在南北朝时期已经出现，但是直到隋代才真正完善。隋代白瓷以碗、盘、壶、罐为主，发现数量有限。隋初之时，白瓷釉色还不纯正，往往白中泛青或泛黄，釉下施化妆土；后来釉色变为乳白或纯白色；到了隋代晚期，白瓷的色调才渐渐纯正，略有透光现象。长安区郭杜街道出土的这件白釉杯，釉色白中泛青，有开片，釉施至足际，是汝南公张琳和夫人薛氏合葬纪年墓中的随葬品。1982 年，河北贾村隋代白瓷窑址的发现表明，当时胎料中的氧化铁仅含 0.34%，氧化铝含量高达 26.8%，这意味着隋代已经熟练地掌握了在 1300 摄氏度以上高温烧造白瓷的技术。

◎ 白釉直腹杯
隋代，西安市长安区郭杜镇出土。高7.6厘米，口径8.8厘米

隋炀帝虽然在政治、文化、经济、外交等方面，采取了一系列促进发展的积极措施。但是自他即位之后，连年大兴土木、四处巡游，征调全国力量三次征伐高丽、挥霍无度，致使百姓苦不堪言，最终引发

了各地起义，隋炀帝本人也在扬州遇害。

二、隋唐之都

由于汉长安城久经使用又屡遭战乱，城市建筑早已破旧不堪，加之地下水质恶化，已不宜百姓居住。隋文帝即位后便下诏修建新都，选址在长安城东南 10 千米的龙首原之南，由宇文恺负责规划和建造。

隋唐长安城规划宏伟、规模空前，东西宽 9721 米，南北长 8651 米，面积达 84 平方千米，是我国古代和当时世界上规模最大的一座都城。其面积是拜占庭（东罗马帝国首都，447 年）的 7 倍，巴格达（伊拉克首都，800 年）的 2.75 倍，它的布局形制曾被周边的民族和国家作为首都建设范式所效仿。日本学者平冈武夫认为，隋唐长安城是抱着天下世界王者都城的理想而规划的。这座城巧妙地利用地形、地势形成错落有致的空间层次；又借八水环绕长安之势，引水入城解决饮用、园林与漕运之需；其设计集中国古代都城建造理念之大成，是世界都城发展史上的典范之作。

《论语·为政》记载："子曰：为政以德，譬如北辰，居其所，而众星共之。"隋唐长安城的结构法天象地：宫城位于全城北部中央，对应天帝所在的北辰；皇城在宫城之南，设百官衙署比附环绕北辰的紫微垣；外郭城从东、南、西三个方向环抱宫城、皇城，置里坊以示向北拱卫的群星。《史记·日者列传》云"天不足西北，星辰西北移；地不足东南，以海为池"，因此又在城之东南开凿出曲江池以应风水。

在城市的中轴线朱雀大街附近，自北向南共有 6 条自然坡岗，宇文恺以《周易》乾卦之象，布置城内重要设施。最北的"初九"为"潜龙勿用"之地，最南的"上九"对应"亢龙有悔"之地，两岗分列北、南郭城之外，

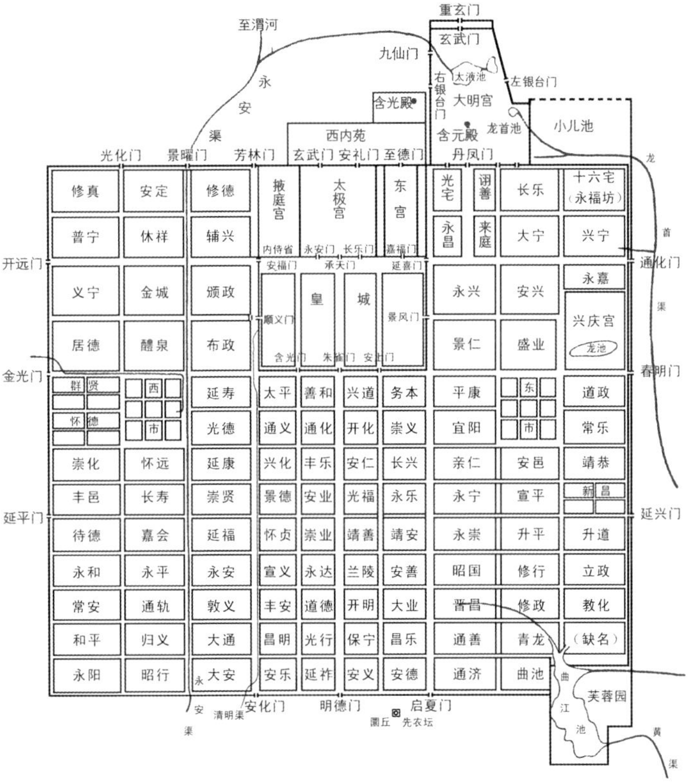

◎ 隋唐长安城平面示意图

虽不置建筑，却是全城南北的防御屏障。自北而南，“九二”岗“见龙在田”，置宫城以帝王居之；“九三”岗“君子终日乾乾”，建皇城立百司，以应君子之数；“九四”岗多为达官贵人的宅邸；“九五”岗“飞龙在天”，属贵位，置玄都观、兴善寺以镇，而不以常人居住。

郭城内设东西向大街 14 条，南北向大街 11 条，相互交叉分割出东、西两市和108个里坊，正如诗中描绘的“百千家似围棋局，十二街如种菜畦”。皇城正南，横排四坊“以象四时”，纵列九坊取意《周礼》王城“九逵之制”。皇城两侧自北向南排列13个里坊对应“一年有闰”。还有一说，认为东西十坊象征全国十道，南北13坊寓意国家的13个州。

以皇城到郭城正南门的朱雀大街为首都南北中轴线，全城东西对称布局；郭城共计12个城门，每面各三扇，门开三洞，均与对应的大街贯通东西或南北；郭城正南门明德门设5个门洞，世所罕见。城门的命名也十分讲究，例如，皇城正南门、宫城北门以朱雀、玄武等传统方位命名；明德门的命名显然是在彰显“德治天下”的儒家正统思想；位于西郭的开远门，唐时改称安远门，为隋唐两代通往西域的起点，“开远”“安远”表达出隋唐政治家打通“丝绸之路”、永通万国的雄心壮志。

唐代长安城基本保持了隋城规划的旧貌。唐太宗时，在东侧郭城北墙外加修大明宫，将丹凤门南部的两个里坊拆成四个，以开辟宫门外的南向大街，此后的朝廷基本上就设在这里。唐玄宗即位之后，将城东隆庆坊旧邸规模扩大，改称兴庆宫，成为玄宗时期的朝廷所在。依照方位，唐人称太极殿为“西内”，大明宫为“东内”，兴庆宫为“南内”。

◎ 鎏金铜铺首一对
唐代，西安市大明宫遗址出土。直径26.5厘米

“三大内”以大明宫最为宏大和重要，它地处龙首原高地，东西宽1.5千米，南北长2.5千米。已探查出的殿台亭阁有30余处，布局错落有致，

气势磅礴雄伟。由于地势高亢，伫立在大明宫高处，远眺终南山，俯视可见长安城。考古资料显示，大明宫南部为朝政区，以丹凤门—含元殿（外朝）—宣政殿（中朝）—紫宸殿（内朝）为中轴线，用三道宫墙将三大殿前后相隔为三个独立空间区域，形成前朝、中朝、内朝的三朝五门格局。“九天阊阖开宫殿，万国衣冠拜冕旒”，含元殿外朝的设立，突破了周、汉、魏、晋、北周以及隋代以来，外朝在门址等非宫殿场所举行的传统，开创了三殿对应三朝的新体制，为后世历朝所效仿。有学者通过对敦煌壁画中唐代建筑的研究，认为含元殿的建筑形制十分符合佛教天宫的形象。大明宫朝政区北部为太液池，池西北角有进水渠，池东有出水渠道，池中设一岛三山，池岸有道路、廊坊环绕。太液池西，有大明宫内规模最大的建筑——麟德殿，这座由三座宫殿前后相连组成的宏伟建筑群是皇帝举行宴会或接见外国使节、宾客的场所，曾有来自 70 多个国家的外宾在此朝会。从诗词中所见的植物来看，大明宫具有浓厚的文人园林情调。三大殿朝政区以松树烘托宫殿的庄严宏伟；大殿两侧竹、梅相映。太液池边荷花、茭白、蒲丛郁郁葱葱，岸上绿柳依依。宫苑区内桃园、梨园、杏园、樱桃园、牡丹园星罗棋布，不出宫墙就能欣赏和品尝万象花草果木。

长安城中的里坊布局整齐，以端南正北的四面坊墙围合成方形。皇城正南、朱雀大街两侧的四列三十六个里坊只开东西坊门，坊内仅设与坊门对应的东西横街，其余里坊均设东、西、南、北四门，两两相对。坊内对应四门，设东西向和南北向纵横交叉的十字街。每天晨曦微露之前、日落黄昏之后以街鼓作为坊门启闭的标志。一年中，只有元宵节前后三天坊门彻夜敞开，人们可以走上街道尽情观赏华灯。朱雀街以东的务本、崇义、长兴、永兴、崇仁、平康、宣阳、胜业、道政和靖恭等十坊设有各府州的驻京办事机构。街东的兴道、务本、长兴、靖安、亲仁、道政、永崇和宣平八坊，以及街

◎ 三彩院落模型

唐代，西安市长安区灵昭出土。建筑高18.5～16.3厘米，宽20.3～15.4厘米，厚12～9.3厘米

西的崇贤、延福和布政三坊，还设有旅馆。“人面桃花”故事所本的《题都城南庄》诗，其作者崔护就曾栖身于延福里旅馆。坊里广种槐、柳，也有栽植桃、枣、葡萄等果树的，文人雅士则好种松、竹，甚至还有人造池栽莲。唐人的普通住宅与明清四合院较为接近，院落能分出几重，有的饰以楼阁、假山，贵族的豪宅甚至能据一坊之地。一些著名的私家园林，往往有公卿贵族慕名游赏。

三、大唐气象

618年，隋唐国公、太原留守李渊在长安称帝，国号唐，改大兴城为长安，建元武德，大唐王朝从此建立，盛世之门也就此开启。唐代鼎盛时，其疆域东临大海，西至咸海，北及贝加尔湖，南抵海南。户口最多时达900余万户，逾5200万人，是当时世界上幅员辽阔、人口众多的庞大帝国。除了前朝遗留的政治、文化、科技遗产，唐代的盛世有赖于初唐、盛唐时期统治阶层开拓进取、开放包容的豪迈胸襟。

唐太宗登基后，任用魏徵、房玄龄、杜如晦、虞世南、李靖、李勣等一批文臣武将，大兴文治。他提出了“水能载舟，亦能覆舟”的治国理念，善于用人，纳谏成风，也成为后世政治家们效仿的楷模。他还修订了前朝的各项典章制度，完善并确立了三省六部制度，这一制度沿袭至清代。国家稳定后，太宗北灭东突厥、薛延陀，西平吐谷浑，征服西域、和亲吐蕃，尊重并重用少数民族首领，注意改善民族关系，开创了“胡越一家，自古未有”的局面，被尊为“天可汗”。

高宗即位后，继续执行高祖、太宗时期的各项方针政策，政治清明，社会不断发展。对高祖时参照隋律制定、经太宗时期增删修改的唐代律法，高宗皇帝进行了再次完善，并命长孙无忌等人撰写《律疏》三十卷，逐条解释律文。这部律、释合编的《唐律疏议》，不仅是我国传世最早、最完整的法典，更成为日本《大宝律令》、朝鲜《高丽律》、越南《国朝刑律》制定的范本。

这样一个伟大的时代，造就了中国历史上唯一的正统女皇帝武则天。她当政 50 年，大开科举，广罗人才，进士科每年比太宗时增加一倍以上，并首创了殿试、武举；她派兵收复了安西四镇，重置安西都督府，巩固了大唐在西域的统治；她继承贞观遗风，重视农业，抑制门阀士族，为开元盛世奠定了雄厚的基础。武则天的孙子唐玄宗李隆基即位后，整顿吏治，革除弊政，使唐王朝进入了开元全盛的时期。据文献记载“天下大治，河清海晏，物殷俗阜”“丁壮之人，不识兵器。路不拾遗，行者不囊粮”，大唐成为当时世界上最强盛的国家。

“十二街前楼阁上，卷帘谁不看神仙！”这里的神仙即指新科进士。长安城内每年最为轰动的盛事，莫过于新科进士的放榜，这一刻长安城内万人空巷，大家争相目睹新科“神仙”们的风采。唐代的进士较为难考，每年到首都长安参加考试的人以数千计，但中举者却不过二三十人，其尊贵荣耀之处不难想象。唐人对于中举之士仰慕不已、追捧有加，即使官居宰辅，如果不是进士出身，也会觉得抱憾终身。当时的科举分为制举与常举。常举是唐代科举的主要形式，虽设秀才、明经、明法、明算、明字等科目，但以明经、进士两科取士为主流。进士科因重点考核诗赋文才与对策，利于参考人员展示才能、抒发志向，及第者更容易进入仕途并获得升迁机会，故最受世人推崇。武则天时还增加了武举和殿试，殿试即由皇帝出题考试，在殿上考选人才。此后，殿试成为科举考试中的终考，在宋代正式成制，通过殿试者即为进士。明、清殿试后分为三甲：一甲三名，赐进士及第，按名次分别称为状元、榜眼、探花。制举多临时设考，由皇帝特下诏令举行。唐代制举名目较为繁多，例如贤良方正科和直言极谏科。制举主要是选拔“非常之才”，在科举中不占主要地位。

◎ 文官俑
唐代，西安市灞桥区新筑乡唐金乡县主墓出土。高60.4厘米

科举制不仅为唐代选拔了大量优秀人才，由于考试定期举行、考试范围和内容有一定的标准可循，也促进了人才的培养，优化了士人的整体素质。唐故朝议郎行中部郡宜君县令骞府君墓志所载的史实正反映出盛唐之际科举制对唐代社会与个人发展的影响。府君是对已故者的敬称，骞府君名讳骞晏，他在弱冠之时就通过明法科考试擢第，先后任洋州司法参军、弘农郡湖城县丞、中部郡宜君县令。洋州属唐代山南道，治所在西乡县（今汉中城固蒿坪山之阳），辖有四县；骞晏所任的司法参军，大致为正八品以下的官吏，有执法理狱、督捕盗贼、追赃查贿之责。明法科为科举常科，设立于武德六年（623），主要选拔法律人才。考试分试帖、策试两项。试帖为填空题，选录一段经文于中部帖纸，需要考试者补齐相关内容。策试十条：律七条、令三条。律，指正刑定罪的刑律；令，指与各项典章制度相关的规定。策试要求考试者在熟悉法律条文与相关规定的基础上，通晓其中的事理，明辨是非，回答不得有所疑滞。凡参加进士、明经、明法等科的考生在通过尚书省的考试后，并非立即授予官职，若想跻身仕途，还要经过吏部铨试合格。吏部铨选通常试其身、言、书、判，合格后，考察德行、才用和劳效，三者考察满意后才可授予官职。考取明法科功名，走上学法、用法之路，多与家庭中父辈、祖上具备法学才干密切相关，骞晏就是典型之一。其曾祖父为隋梓州司马，祖父为大理少卿，父亲为益州大都督府士曹参军。有唐一朝，明法科远不如明经、进士显达，登科人员甚少，有学者遍检史料所见不过 23 人而已。由此入仕不仅缓慢，且难至高位，开元之后此科时废时立。给骞晏撰写墓志的人是唐玄宗开元年间的进士邬载，邬载祖上为盐官，早年在长安国子监求学，屡试不第。登科后出任监察御史，督察运河开凿以平息淮河水患。后来晋升殿中侍御史，赴江南巡查水灾。唐代殿中侍御史执掌纠察朝仪，兼知库藏出纳及宫门内事，及京畿纠察事宜，位在从七品下。天宝六年（747），邬载遭右丞相李林甫陷害下狱。出狱后，归隐家乡，寄情山水。

唐人喜作诗文，加之科举盛行，文人墨客遍布大江南北，文房用具的生产制作也步入鼎盛。宣州是全国的制笔中心，所制“宣笔”以精良著称，不仅为士林所乐用，亦被朝廷列为贡品。白居易《紫毫笔》中说：“紫毫笔，尖如锥兮利如刀。江南石上有老兔，吃竹饮泉生紫毫。宣城工人采为笔，千万毛中选一毫。”可见宣笔主要以兔毫制作，选料考究。唐时流行笔锋粗短硬劲的毛笔，其中较著名的有鸡距笔，宣州制笔名家黄晖就善做此笔。日本正仓院珍藏的唐笔与天平笔，即是当时鸡距笔的难得实物。不过这种短锋笔，蓄墨少易干枯，后来又发展出精柔的长锋笔，便于写出纵横洒脱的字体，使唐宋书风为之一新。当时制瓷业发达，瓷文具不仅流行于国内，还通过陆上和海上丝绸之路远销西亚、阿拉伯等地。常见的瓷文具有砚台、笔掭、水盂、水注、笔洗、镇纸、笔架等七大类，以水注、笔洗、水盂数量居多。砚台是磨墨的工具，瓷砚大约出现于魏晋时期。唐代虽然已经开始讲求用端、歙等石材制砚，但仍以陶砚使用最为普及，亦有瓷质砚台。唐砚的外形有箕形、风字形、马蹄形、龟形、方形等；还有做成环形台面，形似古代辟雍平面的所谓“辟雍砚”。笔掭又称作笔砚，主要用于理顺笔毫或验墨浓淡，唐代笔掭状如小碗。水盂是磨墨时辅助的盛水器，最初只是砚中的小

◎ 辟雍砚
唐代，旧藏。直径5.2厘米，高3.4厘米

水池，唐初变为夹于砚上的水盂，稍晚出现独立的瓷质水盂。水盂多见钵形，注水口与出水口为同一个。水注又称为砚滴，有流，是向砚中注水之器，它的出现要晚于水盂，有壶形、杯形、动物造型等多种样式。白居易说“每一诗成，辄洗其笔”，笔洗是文化发展推动下的产物，唐以前没有专司其职的笔洗，而是由其他器物替代，用玉、陶瓷制作笔洗始于唐代。常见的笔洗为坛形、杯形、钵形、碗形，为了便于使用，从 8 厘米到 30 厘米以上各种规格的笔洗都能见到。

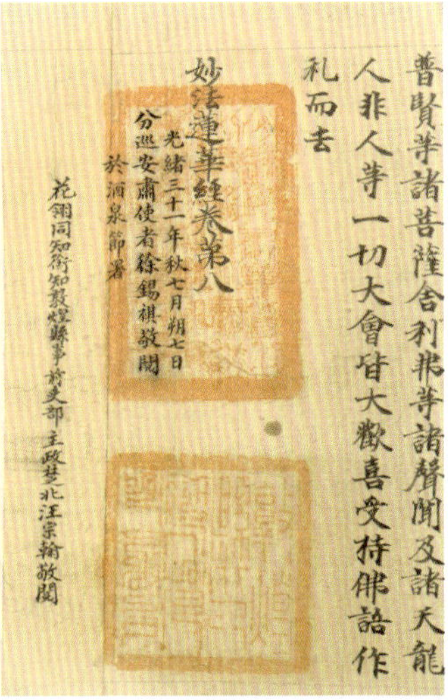

◎《妙法莲花经》手写经卷（局部），唐代，大雁塔保管所移交。长521.2厘米，宽25厘米

“书之盛，莫盛于唐”，有唐一代书法之盛行，名书家之辈出，可谓远迈魏、晋，后盖宋、元、明、清。唐人从识字开始便接受书法教育，科举中不但设有明书科，吏部铨选的四条标准之一就是“书法遒美”。因此，在唐代但凡能诗者几乎都善书，北宋《宣和书谱》曰：“唐三百年，凡缙绅之士，无不知书。下至布衣、皂隶，有一能书，便不可掩。”《佩文斋书画谱》所记唐时的书法名家多达 1229 名，其中武将、宦官、道士、僧人、良家女子、布衣、艺人、抄经人，甚至少数民族书家比比皆是。有唐一代楷书发展到巅峰，以颜、柳、欧等大家作品垂范后世。初唐，欧阳询在继承南朝书法修美遒润的基础上，融合北朝魏书的方整雄健，形成了风骨峭峻、法度严整的“欧体”字。他善书的名声远扬国外，连高丽也派遣使者专门来求购墨迹。盛唐，颜真卿初学褚遂良，后来得到张旭指点，形成了端庄雄伟、笔画肥厚，且以新为古、以拙为巧的新书风。虽然形体敦厚，

但却内含筋骨，劲健洒脱，素有“颜筋”之称。他的楷书一改王羲之的超迈俊逸，开创了唐代书法的新风尚，体现了大唐帝国开拓进取的精神面貌。唐中期以后，柳公权采欧阳询、颜真卿之长，力变右军之法，骨力遒劲、体势俊朗，世称“颜筋柳骨”。时人以请不到柳公撰写亡人碑志为不孝之举，甚至“外夷入贡”都备有购求柳字的专款。唐代还出了两位草书圣手——张旭和怀素，二人嗜酒，以酒后下笔最显真性情，故有“颠张醉素”之称。还有许多民间书法家留下了大量的手写经卷，其中有不少是精美的书法艺术作品，如《妙法莲花经》手写经卷。唐代的书法对周边国家吸引力颇强，日本人对书学尤为推崇，日语五十音图中的“平假名”就是日本学问僧空海依据中国草书所创制的。

“洞房花烛夜，金榜题名时”，与只有少数人才能享有的科考登第不同，喜结连理是关乎每一个世俗男女的天大美事。唐代沿袭了西周以来的婚姻礼仪，即纳采、问名、纳吉、纳征、请期、亲迎六个前后相继的礼仪程序，是为“六礼”。唐代杜佑的《通典》中写明了六礼的具体内容：纳采，即以雁为礼，由男方向女方征询婚礼可否的意见。问名，需男方前往女家问取女子姓名，考察对方家庭，以求门当户对。纳吉，是在问名后，男方占卜婚姻的宜忌；纳征，若男方求得吉兆，可向女方送纳聘礼，正式订婚，唐代婚礼有“报婚书”作为婚姻的法律依据。请期，由男方主导选定举办婚礼的吉时吉日。亲迎，即新郎亲往女家迎娶新娘，虽是六礼中的最后一个环节，却是整个典礼的核心所在，内容复杂而丰富。婚礼一般在黄昏举行，包括敬告祖先、奠雁、下婿、催妆、障车、青庐、弄新妇、拜堂、撒帐、合卺、却扇、看花烛、拜见舅姑等一整套礼仪过程。奠雁即女婿隔障将雁掷入堂中，大雁随时迁徙，用雁象征女子嫁夫从夫。下婿类似今天的撞门，但古礼却以用竹杖打婿为乐。催妆即新娘梳妆打扮时，故意拖延时间，要夫家或新

◎ 彩绘侍女俑

唐代，西安市长安区郭杜镇（今郭杜街道）出土。高48厘米

郎“千呼万唤始出来”，唐时流行咏诗催妆。障车是女方有意阻拦新娘所乘的喜车，需要男方出钱物才肯放行。男方在屋外设毡帐称为青庐，新人在青庐内行礼拜堂。合卺指新人共饮一对瓢或酒杯，意味着从此共同生活。合卺用酒较为苦涩，表明两人今后要同甘共苦，患难与共。新娘以花、扇掩面，傧相要咏诗数首，新娘才卸去花钗，拿去扇子，显露真容。

唐代妇女的着装分礼服、便服。礼服是嫔妃、女官、命妇们在礼宾、宴会等正式场合穿戴的衣着、首饰。后来随着奢靡之风的盛行，妇女着装各有所好，贵贱无别。女服的主要部分为衫（或襦、袄）、裙、帔三大件。衫、襦、袄都是短上衣，衫为单衣，襦、袄是夹或绵的。衫袄有并领、交领、翻领、圆领等不同样式。裙子束在上衣外面，多肥长，常以六幅布帛拼制而成，裙上打褶。肩背之上多搭帔，这种由西域传入的长披肩，很受唐代妇女的欢迎，穿用比较普遍。当时还流行一种裙腰高束、领口低开、半露前胸，仅披纱罗的服装样式。体现出唐人对美的欣赏，反映了唐代社会风气的开放。男子的服装可分为冠服与常服。冠服是皇帝、百官在正式场合穿着的服装，总体样式为褒衣博带、高冠革履。百官的冠服有朝服、公服之别，朝服用于朝贺、礼宾、宴会、陪祭等重大场合，公服则于日常公事穿用，两种服装在式样、颜色、纹饰等方面都有严格的等级规定。比如唐代前期规定三品以上紫服，四品用深绯，五品服浅绯，六品着深绿，七品穿浅绿，八品为深青，九品穿浅青，妻子随丈夫服色。常服是贵族及平民日常穿用的，款式、质料虽有差别，但一般都由幞头、圆领袍衫、腰间革带、皮靴或履这几样构成。袍、衫长度均过膝，袍为夹或绵制，衫为单衣，以圆领为多，袖分宽窄。袍衫内可穿汗衫或夹、绵短袄；袍衫外束以革带，可加穿半袖外套。袄是冬天穿的，比袍短。袍内的裤也分单、夹、绵等种类。普通劳动者常穿的搭配为麻布短袍衫与麻鞋、草鞋。

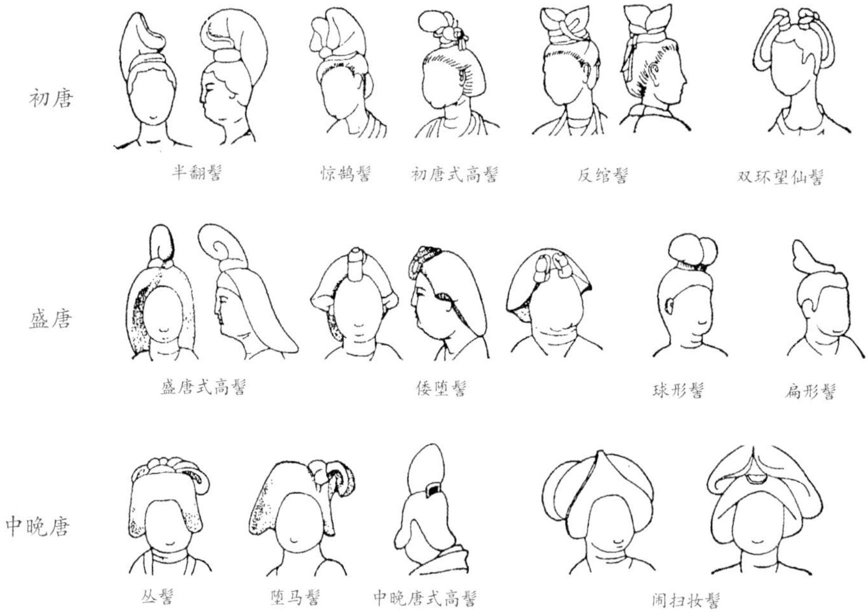

◎ 唐代妇女髻式（孙机《唐代妇女的服装与化妆》）

“髻”指绾束于顶的头发，唐代女子发髻样式繁多，仅名称就有几十种。初唐时，沿用前朝三叠状的低平髻。后来髻形愈发高大，并将扎、结、绾、拧、叠、盘、辫等方法搭配使用，梳成不同的发式。鬓角的头发会配合髻式加以梳理，以突出整体效果。常见的鬓形有蝉鬓、博鬓、云鬓。“蝉鬓”是将头发外梳后收拢，使之薄如蝉翼。扎发即用丝绳扎簇头发，让其自然垂散。结发则将头发拢结，或用绳系，或用钗穿，以求固定，结发形成的发髻统称“椎髻”。椎髻的位置、数量、大小、形态各不相同。将两耳之上的头发，结椎于头顶，配以蝉鬓，再向前额俯垂的髻式就是“倭堕髻”。倭堕髻的椎结偏向头侧便是的“堕马髻”。两鬓抱面，状如椎髻的称为“抛家髻”。拧发是将头发分成小股，拧旋后，盘缠于头上，如“灵蛇髻”。盘发于头顶的髻形多比较高大，发盘如螺的称为“螺髻”，盘结于脑后的称为“垂髻”。另有“乌蛮髻”，将头发层层堆叠而上，须配以簪钿固定。绾发多作反绾，将头发上梳分股、结扎拢高，下翻绾出各种形状，称为“半翻髻”。反绾成惊鸟欲飞的叫“惊鹄髻”。将多股头发翻绾成花朵式的称“百花髻”或“从髻”。在唐代高耸的发髻都可称为“高髻”，如“乌蛮髻”“半翻髻”等，唐人喜梳高髻，其风靡过甚，以致一度被诏令禁止。

高髻用金玉装饰起来就称“宝髻”，这样的发髻不借助假发是难以达到美观效果的。发髻上常常还要插戴簪、钗、步摇、梳子等各种金银、玉石制成的首饰和花朵作为装饰，比如出土于兴庆宫遗址的鸳鸯纹、凤纹玉簪头。盛唐时还流行将梳子插于发髻作为装饰，头上插戴十几把梳子的亦不罕见。

唐代妇女喜好浓妆艳抹：面妆自额头至脖颈先敷白粉；于两腮处抹红色胭脂，即诗文中所说的“红妆”；画完黛眉，再贴眉间的花钿，点唇边的面靥，描颊侧的斜红；最后在唇上涂红色口脂。除了红妆之外，还有不施胭脂的白妆、浅施胭脂的桃花妆、浓抹胭脂的酒晕妆、先涂胭脂后罩白

◎ 鸳鸯纹、凤纹玉簪头
唐代，西安交通大学内兴庆宫遗址出土。长11.4厘米，宽4厘米

粉的飞霞妆，以及不施粉脂而以乌膏注唇的啼妆。“妆罢低声问夫婿，画眉深浅入时无”，唐代妇女对眉毛的修饰格外重视，各时期流行不同的眉毛样式。唐明皇曾命画工作《十眉图》，有“八”字形的鸳鸯眉、施浅黛的远山眉、新月形的却月眉等等，以短阔浓重的桂叶眉最具特色，唐代后期受吐蕃风气影响还曾流行过倒“八”字眉。

“懒起画蛾眉，弄妆梳洗迟。照花前后镜，花面交相映”。爱美是女子的天性，化妆美颜始终都是女性重要的生活内容之一，粉盒、铜镜、梳、篦等妆奁用具在战国时期就已成套出现。唐代的粉盒以金银器、瓷器为主，偶有用玉石制成的，常见上下合盖的扁体盒。据《唐律疏议》的规定，金银器只有皇室贵族才可以使用，平常百姓主要使用瓷质粉盒。小型的金银盒多作圆形或花瓣形，亦有蛤形、云头形、海棠形、瓜果形等不规则形态，有的盒底焊接底托，主要用于盛放化妆品。大型的盒用途稍广，可以珍藏茶、药材、香料等。瓷质粉盒以圆形白瓷盒、青瓷盒使用最为广泛，也有仿制金银异形盒的瓷器。仿金属粉盒在器表或点染出花瓣，或划刻、堆塑、模印出各种花纹，曲江宾馆出土的白釉双鸾衔纹盒就是典型代表器物。粉盒里如盛放粉块，一般配以粉扑扑粉；末状粉则多是用化妆勺挖出置于盘中，由自己调成想要的效果。在唐代敷粉并不是女性的专利，不少男子亦使用粉盒化妆。

◎ 白釉双鸾衔绶纹盒

唐代，西安市南郊曲江宾馆工地出土。长9.7厘米，宽6.4厘米，高5.4厘米

唐代铜镜形态丰富、纹饰多样，是两汉之后中国铜镜制作的又一高峰。除常规的圆形外，还流行葵花形、菱花形、荷花形铜镜。唐初，常见十二生肖镜、瑞花瑞兽镜；高宗、武则天时期，流行葡萄镜、鸾鸟镜、雀绕花枝镜；唐玄宗时，盛行对鸟、瑞花、人物镜及特种工艺镜；唐德宗以后，则以八卦、“卍”字形镜与“亚”字形花叶纹镜为主。特种工艺镜，主要有金银平脱镜、螺钿镜和贴金贴银镜。金银平脱镜即镜背的纹饰由金银饰片贴制而成，在上面髹（xiū）漆数重，再细加研磨，使金银片纹饰与漆面平齐，显露出来。螺钿镜与金银平脱镜工艺相同，但镜背的纹饰则由螺蚌贝壳饰片构成。

有唐一代，金银器与青、白瓷制作技术达到了前所未有的高度，这两类器具成为与风俗习惯密切相关、于起居生活不可或缺的必需品。唐代依

◎ 折枝团花纹银渣斗
唐代，西安市灞桥区新筑乡出土。高9.8厘米，口径14.6厘米

◎ “李勉奉进”双鱼纹蔓草花银盘
唐代，西安市碑林区西北工业大学出土。口径17厘米，高1.2厘米，重198克

然盛行汉代以来“金银为食器可得不死”的观念，政府支持和鼓励私人开采金银矿藏，并在中央和皇室先后设立掌冶署、金银作坊院和文思院来管理、制作金银器。通过丝绸之路传入的粟特、萨珊等外来文化因素也被中原的工匠们学习和吸收，这些因素最终造就了金银器的繁荣昌盛。唐代金银器所涉器物种类繁多，既有日常用的杯、碗、盘、壶、盆、盒、盂、茶碾、茶罗、茶托、渣斗、烛台、熏炉、熏球等饮食器与生活用具，也有簪、环、镯、耳坠等装饰品，以及造像、塔、舍利棺椁等佛教物品。纹饰以各种花鸟纹最为常见，如鸳鸯、鹦鹉、鸿雁等。当时已普遍使用钣金、浇铸、焊接、切削、锤鍱（yè）、刻凿、镶嵌、焊缀等技术，各种器具工艺精湛、制作精良。

金银器因其具有体积小、价值高的特点，一直都是供奉、赏赐、馈赠、纳税的佳品。随着各地金银开采与金银器制作的兴起，唐代地方官员便将金银加工成精美的器物，进奉给帝王以求加官进爵，例如李勉奉进的银盘。盘外底刻铭清楚地记述了李勉当时所担任、兼任的官职。李勉，字玄卿，是高祖李渊第十三子郑惠王李元懿的曾孙。为肃宗、代宗、德宗三朝元老，曾拜工部尚书，封汧国公。早年追随唐肃宗平定安史之乱，在代宗时平定过多次地方叛乱。德宗时，南平郡王李希烈反叛，李勉虽为朝廷鞍前马后地平叛，但却兵败汴州。《新唐书·李勉传》说他："位将相，所得奉赐，悉遗亲党，身没，无赢藏。其在朝廷，鲠亮廉介，为宗臣表。"唐人李绰还在《尚书谈录》中记有"李勉埋金"的佳话。然而，这样一位性情淡泊、居官廉洁的宗臣典范，在地方官任内也免不了向朝廷进奉金银，可见中唐时期此风之盛。另外，唐代中央官府和宫廷还拥有大量的金银铤、金板和金饼，这些金银并不在市面上流通，大都成为皇室和官府制作器物的原料。所制成的器物与进奉之器，最终又通过赏赐再回流于社会。

唐时金银器的使用几乎为贵族垄断，政府又禁用铜器。其时已普遍使用匣钵装烧瓷器，高质量的青瓷、白瓷应运而生，加之饮茶之风日益风靡，整个社会对瓷器的需求空前增长，陶瓷业在唐代有了巨大的发展。越窑青瓷和邢窑白瓷分别代表了南、北方最高的制瓷技艺，有"南青北白"一说。瓷器几乎涵盖了所有的生活内容，包括餐具、茶具、酒具、文具、乐器、玩具等，常见的器型有杯、碗、盘、壶、罐、钵、盒、盏、注子、灯、枕等。白瓷作为新兴的瓷器品种，以"类银""类雪"著称，不仅为寻常百姓所用，甚至连官府皇室也专门订烧，如大明宫遗址出土的"翰林、盈"字双款白瓷罐。唐玄宗时期，各地向朝廷的进奉已然成风，玄宗于天宝年间在朝中设立"大盈"私库，以收纳土贡珍宝。邢窑的精细白瓷也列入其中，被镌刻上"盈"或"大盈"款标识。"翰林、盈"字双款，应为大盈库为翰林院订烧的专用器。在印度尼西亚唐代沉船"黑石"号上也发现了"盈"字款白瓷，可能属于

◎ “盈”“翰林”双款白釉罐
唐代，西安市大明宫遗址出土。
高22.5厘米，口径10.5厘米

中央从大盈库拨付的国礼，作为珍宝经海上丝绸之路运往海外。邢窑之后，北方白瓷以定窑烧制水平最高，其“官”字款的白瓷亦为皇宫或各级官府专门订烧的器具。

除了登榜、新婚之乐外，唐人的生活中从来不乏节庆、游戏之乐。在唐代，节日已经完成了从禁忌、迷信、禳解向娱乐、礼仪方面的转变，摆脱了神秘气氛的束缚，成为真正意义上的“良辰佳节”。这一时期，先秦以来的传统节日得到继承和发展，清明节、中秋节等新兴节日诞生，元日悬幡、上元踏歌、寒食扫墓等新兴节俗进一步丰富了人们的节日生活。我国传统的岁时节日体系在此基础上逐步成型，宋元以后基本沿袭唐时旧制。正月初一称为元日，天不及亮朝廷就举行朝会以贺新年，宰相等文武大臣身着华服，以百炬照亮首都，谓之“火城”。城内户户理败履、烧鹊巢、燃爆竹、立竿悬幡迎接新年；家人团聚少不了一起饮屠苏酒、吃五辛盘。正月初七为人日，可以登高赋诗，妇女们还剪彩为人、偷灯求孕。正月十五是上元节，全城取消宵禁，举行盛大的灯会，王公贵族与百姓以观灯、放灯为乐，城

◎ 三彩叠置伎
唐代，西安市长安区陕西师范大学长安校区出土。高40.8厘米

内同时还举行百戏演出和游艺活动。三月三日上巳节，唐人除去踏青，更喜泛舟饮酒，于水中赏春。寒食、清明节，要先出城扫墓、踏青，在野外打秋千、拔河、玩蹴鞠或者打马球、斗鸡。五月五日端午节，许多地方都要组织龙舟竞渡，大家吃粽子、系长命缕。七月七日七夕节，相传是牛郎织女相会的日子，妇女要拜牛郎织女，以穿针引线的方式乞巧。宫女们还将蜘蛛闭于盒中，天明时验看蛛网稀密，以网密者得巧多。八月十五中秋节，赏月、宴饮、赋诗已成为唐人惯例。九月九日重阳节，人们相携登高，赏菊花、饮菊花酒，佩茱萸袋，抒怀思亲，饮酒游玩。除夕是全年的最后一天，要贴春书、插桃枝、守岁、放爆竹，当天从都城到偏远地区都有盛大的驱傩活动，以为娱乐。

唐人酷爱下棋，日常娱乐流行下围棋。不论是帝王公卿，还是文人学士，甚至平民百姓，好棋者甚多。宫中的翰林院还设置“棋待诏”一职，广召天下棋手研究棋艺，陪帝王对弈。与跳棋玩法类似的双陆也是当时盛行的博弈游戏，宫内皇帝与后妃玩双陆的记载屡见于文献，宫外贵族们有人沉溺于此，废寝忘食。唐人亦喜好郊游览胜，设席畅饮，每逢节庆便纷纷出行，或骑马或乘车，遍访城郊的园林、山水。除了

◎ 狩猎出行女骑俑

唐，西安市灞桥区新筑乡金乡县主墓出土。高34～36厘米

这些舒缓的娱乐项目，贵族们还喜欢在马球、狩猎等激烈的运动中寻求刺激。马球当时称“击鞠”，是从吐蕃传来的竞技运动。比赛双方持杖骑马击球，以进球数量决定胜负。自唐中宗开始，马球在宫廷中兴起，之后历代皇帝几乎都好马球，玄宗、宣宗、僖宗都是马球高手。当时不仅皇宫中设有球场，不少贵族家中也建有球场。每年科举发榜后，新科进士去月登阁打马球亦成为惯例。为了减少伤害，还出现了骑驴击鞠，不仅受到男子青睐，妇女也能参与其中。后来妇女还徒步击球，称为步打。狩猎是另外一项贵族阶层酷爱的野外活动。李唐王室出于军功世家，又深受游牧民族影响，常以狩猎为消遣娱乐，西安博物院就收藏有一套金乡县主墓狩猎出行女骑俑。

四、会通中西

唐朝以其辽阔的疆域、发达的经济、强盛的国力著称于亚欧大陆，唐代的帝王将相也一向以开放的姿态、包容的胸襟来对待外来文化和民族。这种海纳百川的恢宏气度不仅造就了高度发达的物质文明和辉煌灿烂的文化成就，还使亚欧各国为之钦慕，不远万里竞相同唐朝交往和发展贸易。由西汉张骞所开通的丝绸之路，历经数代中原王朝的不断开拓，在唐代出现了前所未有的繁荣景象，成为连接亚欧大陆，实现各国文化、经济交流的陆上大动脉。随着造船、航海技术的发展，由我国沿海前往东南亚、马六甲海峡、印度洋、红海，甚至非洲大陆的航路纷纷开通，海上丝绸之路的交流往来也日显重要。这一系列线路的东方起点无疑就是大唐的首都长安，长安因此被认为是整个东方世界的文明中心。

◎ 三彩胡人腾空马

唐代，西安市莲湖区制药厂唐墓出土。高38厘米，长52厘米

丝绸之路最繁盛时，总长度逾 7000 千米，东起长安，西至当时东罗马帝国首都君士坦丁堡。按照地缘区域特点，一般将丝绸之路分为三段：东段自长安向西，经陇西、河西走廊至玉门关或阳关；中段又称中国西域道，由阳关、玉门关继续西行至帕米尔或天山西麓的伊犁地区；西段在帕米尔高原以西的中国境外，或由阿富汗南下至印度、巴基斯坦，或从阿姆河地区入两河流域最终抵达欧洲、北非，再或向西北经咸海、里海、黑海进入中北欧地区。“无数铃声遥过碛，应驮白练到安西”，在这条漫长的国际商路之上，往来于各国之间的是一列列满载货物的驼队，它们运来金银器、玻璃器、葡萄酒、宝马、宝玉石等商品物产，载回丝绸、瓷器、茶叶等物品。商队中不仅有商人、工匠、使者、学者、歌舞姬，亦有儿童，男性形象大多深目高鼻，或留络腮胡须，样貌打扮与中土明显有别，例如彩绘小憩骑驼俑、袒胸牵驼胡俑、三彩胡人腾空马等。

◎ 胡旋舞纹玉铊尾
唐代，陕西省礼泉县唐昭陵出土。长10.1厘米，宽5.2厘米

随着对外贸易的不断扩大，外国商人纷纷涌入中国，开设店铺，出售商品，胡姬酒肆成为引人瞩目的一景。中唐时，长安的胡商多达 2000 人以上，他们多居住和经营于西市附近，使得西市成为国际性的市场。这些来自波斯、大食、粟特、突厥，以及帝国周边的吐谷浑、回鹘、吐蕃、党项、南诏、契丹、靺鞨等不同国家和族属的人，有不少在长安娶妻生子，最终融入汉族之中。其中也不乏在朝为官者，他们的形象被做成文、武官俑随葬于贵族墓葬之中。这些文臣武将形夷而心华，生前为朝廷建功立业，死后亦在墓志上冠以“唐”或“大唐”

的字样。东突厥启民可汗之孙唐故右屯卫将军阿史那摸末、西突厥人唐朝名将哥舒翰之父唐安西副都护哥舒道元、西突厥人唐左威卫将军兼招慰三姓葛逻禄使炽俟弘福、吐谷浑人武则天侄孙女婿唐左武卫大将慕容曦皓、百济人大唐故右威卫上柱国祢军等人的墓志无不如此。唐人的生活也充满域外的胡风：吃胡饼、烧饼、饆饠（bì luó）等胡食；好胡妆、胡服；演奏琵琶、羯鼓、箜篌、筚篥、五弦等西域乐器。唐太宗曾定有十部乐：燕乐、清商乐、西凉乐、天竺乐、高丽乐、龟兹乐、安国乐、疏勒乐、康国乐、高昌乐，除头两部外，其他均不是中土之音。盛唐时流行起源于康国（今乌兹别克斯坦撒马尔罕一带）的“胡旋”舞，舞者在一小圆毯上随着乐曲节奏旋转，快如疾风，双脚却始终不离毯子。另有出自石国（今乌兹别克斯坦塔什干一带）的“胡腾”舞，为男子独舞，动作主要是快速多变的腾跳踢踏。

唐代金银器之所以能取得辉煌的成就，与外来因素的滋润有直接关系。据齐东方先生的研究，玄宗之前，金银器的器型与纹样受到来自粟特、波斯萨珊、罗马—拜占庭三个文化系统的影响，发展迅速。带把银杯、带把

◎ 仕女狩猎纹八瓣银杯
唐代，西安市未央区大明宫乡马旗寨出土。高4.2厘米，口径9厘米

◎ 金背瑞兽葡萄镜
唐代，西安市灞桥区马家沟出土。直径19.7厘米

银壶、鹿纹银碗、猞猁纹银盘来自粟特；碗、盘、杯等银器多分瓣形成八棱形折腹器，并饰联珠纹；带把杯装指鋬式圆形把手，饰有胡人头像。唐器取消或改动了带把银杯的指鋬，将折腹器变为碗形、花瓣形。带把银壶传至东方则被称为"胡瓶"，西方胡瓶带把，流作扁状使液体不易散落，有些将器体做成扁形以便于携带，因整体形态与中土的罐类似，所以很快就被接受。波斯萨珊金银器，口沿与器身呈曲线变化，宛如花朵，器壁内部有棱线。中土的同类器物则增高器足，或变为浅盘式，并将内壁曲线变得光滑、柔和。多曲长杯是典型的萨珊式器，唐代工匠将其由八曲改为四曲，或者保留八曲但变为深腹、高足。唐代的银盒也是在这种多曲风格影响下出现的，比如都管七国人物银盒。萨珊金银器多在顶、底中心饰纹，常见翼兽、狮、鹿等围以绳索纹，即所谓的"徽章式纹样"，唐人将中心的动物纹换成了宝相花、团花。高足杯为拜占庭器物作风。纹饰中的莲瓣、莲叶、迦陵频伽与怪鱼摩羯均属印度因素。在唐高宗和武则天时期流行过一种瑞兽葡萄纹铜镜，又称为海马葡萄镜或海兽葡萄镜，其主题纹饰由高浮雕瑞兽和带蔓葡萄构成，日本学者认为它凝结着欧亚大陆的文明。西方希腊、罗马以及波斯的建筑和器物上很早就出现了禽兽葡萄纹；而我国新疆和静县察吾乎沟，在前800年至前500年也出现了绘有葡萄叶蔓的陶罐。史书上记载，葡萄在张骞出使西域后被带回中原；

瑞兽纹铜镜则在六朝末年就已流行。因此，中土的瑞兽葡萄镜很可能是唐代工匠受丝绸之路传来的西方艺术影响，把中国传统的瑞兽、葡萄纹加以结合创作出来的。

当时从辽东半岛、山东半岛和东南沿海的许多港口乘船向东航行可以到达朝鲜半岛、日本。下南洋或向西去的船队，一般要走唐代地理学家贾耽所记的“广州通海夷道”。商船从广州出发，向南穿越南中国海，转西航行过马六甲海峡，到达室利佛逝（今印度尼西亚苏门答腊岛），顺着马来半岛的西岸向西北途经师子国（今斯里兰卡）和印度，由印度西海岸向波斯湾航行即可到巴士拉（今伊拉克境内），最终口岸为阿拉伯帝国的首都报达（巴格达）。这条海上航道大约用三个月就能走完全程，商船运来象牙、犀角、香料和珠宝等各种名贵物产，换取丝绸、瓷器之类的货物。除了深目高鼻的胡人，一同而来的还有卷发圆脸、肤色较深、袒胸赤足，被唐人称为“昆仑人”的南海土著。“昆仑”在这里指黑色，昆仑奴因为体壮如牛，性情温良，踏实耿直，成为长安贵族豪门争相选用的家仆。

从唐代开始，瓷器成为海上对外贸易最主要的商品，因此海上丝绸之路又有“陶瓷之路”的称呼。从东南亚到非洲东海岸都能见到中国陶瓷的身影，阿拉伯人、埃及人对中国瓷器偏爱有加。1998 年，一艘装满中国瓷器的唐代沉船“黑石号”在印尼勿里洞岛屿的海域被发现，它无疑是中外海上文化、贸易交流的见证。这些瓷器包括了来自越窑、邢窑、长沙窑、巩县窑生产的碗、水盂、执壶、杯、杯托、熏炉、扁壶、双鱼壶等瓷器 56500 余件。其中不乏萨珊风格的白釉胡瓶和多曲瓷器、罗马—拜占庭风格的高足杯、粟特样式的白瓷带把杯，以及兼具中西特色的扁壶。

交流从来都是双向的，在唐人以海纳百川之势吸收周边文明因素的同时，大唐的先进文化也为丝路沿线的国家所欣赏和使用。唐代创制了一种

◎ 三彩凤首壶
唐代，西安市未央区三桥镇出土。高30厘米

艺术水平极高的三彩陶器，简称唐三彩，其绚烂夺目的彩釉令世人称奇。它以铁、铜、钴、锰等矿物作釉料的着色剂，在釉里加入铅做助熔剂，烧成后使釉色呈深绿、浅绿、翠绿、蓝、黄、白、赭、褐等多种美丽的色彩，常做成日用器皿、模型器以及各类三彩俑用以随葬。这类器物深受波斯人的喜爱，甚至以此为基础创制出华丽的波斯三彩。这一时期，拜占庭引入了中国的育蚕法，粟特人把中土的造纸术传入欧洲，中亚的康国仿制了中国的方孔圜钱铜币和葡萄纹铜镜。最有趣的莫过于甘蔗制糖技术的相互影响。在中国，甘蔗制糖古已有之，但技术水平不高。贞观二十一年（647），唐太宗派王玄策赴印度求取制糖之法。他仅用了一年就完成了使命，并请回了印度制糖师。制糖法引入后，唐人对其改进后，制出的糖在颜色和味道上都超过了印度。而印度把白糖称作 Cini，意思是“中国的”，这是因为后来印度的白糖制作技术又是从中国学习的。

五、信仰之城

唐朝实行兼收并蓄的文化政策，宽容并鼓励各种宗教的发展。除了佛教以外，祆教、摩尼教、景教和伊斯兰教也通过丝绸之路陆续传入中原。长安商旅云集，信徒众多，宗教院所林立，是名副其实的东方宗教之都。

长安城内最为兴盛的外来宗教就是佛教，《唐两京城坊考》《唐会要》等文献记载，唐代长安城中有名可考的佛寺计138所，它们多数分布于距皇城较近的里坊之中，以西市佛寺分布最为密集，城外的终南山亦有寺院27所。大家一般将宗派发源的寺院称为祖庭，中国佛教的八大宗派除天台宗、禅宗形成于江南外，其他六大祖庭均形成于唐代的长安。密宗以不空三藏翻译的《金刚顶瑜伽真实大教王经》为理论基础，祖庭为长安大兴善寺；唯识宗又称法相宗、慈恩宗，由玄奘法师创建于大慈恩寺；华严宗又名贤首宗，以《大方广佛华严经》为立法缘起，一般认为长安少陵原华严寺是其祖庭；净土宗以东晋慧远法师为初祖，以唐代善导大师《观经疏》为开宗祖典，祖庭香积寺；三论宗以鸠摩罗什译出的《中观论》《百论》《十二门论》三部论典成宗，为鸠摩罗什在草堂寺开创；律宗以研修传统戒律成派，是唐初高僧道宣在长安净业寺所创。除了六大宗派祖庭之外，小乘佛教的俱舍宗、成实宗分别以草堂寺、大慈恩寺为祖庭；信行大师开创的佛教支派三阶教亦在长安。

◎ 彩绘立佛

唐代，西安市莲湖区唐礼泉寺遗址出土。高51厘米

早期的中国佛教寺院以佛塔为中心进行

布局，具有浓厚的印度风格。随着佛教在中国的传播和发展，受到中国传统文化的影响，唐初的佛教寺院建筑逐步转向以佛殿为中心，唐高宗后期将佛塔建于别院的做法成为通例。长安城中的寺院在建筑设计上重视园林之美，不少寺院成为游览胜地；佛塔的宗教崇信意义淡化，世俗人情意味加重，成为能够登临、调理风水的城市建筑，大、小雁塔就是典型的代表。唐代的佛教造像也一改西来之佛呆板、冷漠的表情态度，变得慈眉善目、温文尔雅；菩萨的造型在长安寺院造像过程中完成了世俗化和女性化的转型，能使民众获得一种难得的精神安慰。

唐代还涌现出一批高僧大德，他们前往印度西行求法，学成后回到长安翻译佛经、弘扬佛法，为中外文化交流作出了巨大贡献，玄奘和义净法师是其中的杰出代表。玄奘被尊称为“三藏法师”，二十七岁自长安出发，由河西走廊、西域前往天竺那烂陀寺学习佛法。后又克服重重困难返回长安，行程两千五百多千米，带回大、小乘佛教经律论共五百二十类六百五十七部。归国后，他先后译出大、小乘经论七十五部一千三百三十五卷。所著《大唐西域记》记述了西行所见一百多个国家和地区的概况，是研究西域、古印度及南亚地区的珍贵历史文献。玄奘之后的义净法师从海路前往那烂陀寺，归国后与博物院所在的荐福寺结下了不解之缘，所著《南海寄归内法传》《大唐西域求法高僧传》亦是不可或缺的史料。

当时朝廷在京城的寺院之中还设立了不少官方译场，以大兴善寺、大慈恩寺和大荐福寺最为出名，被称为“长安三大译场”。在推动文化交流与翻译理论发展的同时，引入了许多梵语词汇，比如一刹那、昙花一现、三生有幸、心心相印、天花乱坠、随机应变、不可思议、大千世界、作茧自缚等。一大批外国僧人、学者、留学人员也被吸引而来，在这里学习唐代先进的文化，并带回母国。例如日本留学僧中的“入唐八家”：最澄、空海、圆仁、圆行、常晓、圆珍、惠运、宗睿。他们在大唐学习佛法，归国时带回大量的佛教典籍、法器等珍贵文物，并在日本创立了各自的佛教门派。朝鲜半岛的新罗也有许多来华的留学生在长安的佛教寺院学习过，据学者统计，玄奘法师归国后翻译的佛教经典中，半数以上都有新罗僧人的参与。新罗僧人慧超在弱冠之年就来到大唐学习佛法，由海路去天竺，走遍南亚后从西域回到长安，所著《往五天竺国传》堪称具有世界性影力的宗教文化巨著。

祆教是中国对波斯琐罗亚斯德教的称呼，该教崇拜光明，敬拜火光和日月星辰，因此又称为火祆教或拜火教。祆教由波斯人琐罗亚斯德创立于前 6 世纪，3 世纪成为波斯萨珊王朝的国教。随着丝路贸易活动的开展，波斯人将这种宗教相继带入中亚、河西走廊和长安地区，我国北朝时就已经有了内地奉祀祆教的记载。及至唐代，政府沿袭隋制仍设萨宝（相当于正五品）、萨宝府祆正、萨宝府祆祝等一系列官职来掌管祆祠祭祀，并继续推行宗教宽容政策。一般公认的长安祆祠有五座，即布政坊东南隅、礼泉坊西南隅、普宁坊西北隅、靖恭坊十字街南之西、崇化坊。以布政坊祆祠设立最早，有说其建于唐高祖武德四年（621）。651 年，波斯萨珊王朝被阿拉伯灭亡，王子卑路斯流亡于长安，奏请设祆祠于礼泉坊，获准。在普宁坊附近还发现有祆教徒苏谅妻马氏的墓志，苏谅先祖是安息王朝至萨珊王朝的世代豪族，曾打败过克拉苏统率的罗马军队，天宝末年其后裔来华朝贡时因陇右被攻陷而滞留长安，及至苏谅本人，已是在长安相传数代的汉化胡人了。

摩尼教产生于 3 世纪中叶的波斯，又称为明教，因创始人摩尼而得名。其教义吸收了琐罗亚斯德教、基督教、佛教的思想观念，突出善恶二元斗争，对现世持悲观看法。后来波斯取缔了该教，摩尼本人也被处死。摩尼教因此向周边扩散，一度遍及北非、欧洲、西亚、中亚、蒙古高原地区。武则天延载元年（694），摩尼教高僧拂多诞来唐朝觐见，女皇留其在宫廷讲经。玄宗时曾禁止内地汉人信教。安史之乱中，回鹘帮助唐朝平叛，战后摩尼教成为回鹘国教，该教得以随回鹘势力在华发展。可惜文献中并没有记载长安摩尼教大云光明寺的具体位置，更多的情况有待新发现的证实。

景教又叫波斯经教，是唐代对基督教的支派聂斯脱利派的称呼。该派着重强调耶稣人性的一面，不崇拜圣母玛利亚，遭到基督教正统派的反对和攻击，开始向东传播。贞观九年（635）大秦国主教阿罗本到长安，受到太宗礼遇。贞观十二年（638）由朝廷资助在长安修建了景教礼拜堂大秦寺。明朝天启五年（1625），发现了曾经附属于大秦寺的《大秦景教流行中国碑》（发现时埋藏地已经改变），碑文叙述了基督教的教义、教规，以及景教在太宗到德宗一百四十余年间的传播与交流情况。

伊斯兰教产生于7世纪初期的阿拉伯半岛，610年前后，穆罕默德在麦加宣布自己被真主选为先知，开始传播伊斯兰教。伊斯兰教何时传入长安并无明确记载，一般认为唐高宗永徽二年（651），大食（唐人对阿拉伯帝国的称呼）遣使入长安朝贡唐庭，其所信奉的伊斯兰教亦应或多或少传入中原。在民间，伊斯兰教也应是沿着丝绸之路，由阿拉伯商人传至长安的。

开元盛世的太平岁月消磨了唐玄宗的雄心壮志，使他沉浸在寻欢作乐的欢愉之中。原本为了巩固边防而设立的藩镇，日渐成长为集行政、财政、军事于一体的地方割据势力。在玄宗长期疏于政务、缺乏监管的状态下，天宝十四年（755），兼任平卢、范阳、河东三镇节度使的安禄山举兵反叛，爆发了“安史之乱”。这场猝不及防的割据叛乱虽然最终被平定，但它摧毁了大唐的盛世，将唐王朝拖入了地方割据的深渊。在内忧外患中挣扎了一百五十多年后，宣武军节度使、梁王朱全忠代唐建梁，史称后梁，持续了近三百年的大唐帝国最终灭亡。

西部重镇

宋元明清的安西府城

唐代以后，国家的政治、经济中心东迁，后世的王朝虽然都为长安这一方净土魂牵梦绕，但却由于种种原因而建都别处。成为故都的长安保留着华夏文明的根脉与中华民族的美好记忆；成为府城的西安，联结西北、交通西南、屏障中原、代国守疆，发展为区域中心城市和西部重镇。西安以其与众不同的地理位置和深厚的历史积淀，孕育出独具魅力的区域文化，继续见证着华夏民族的兴衰荣辱。

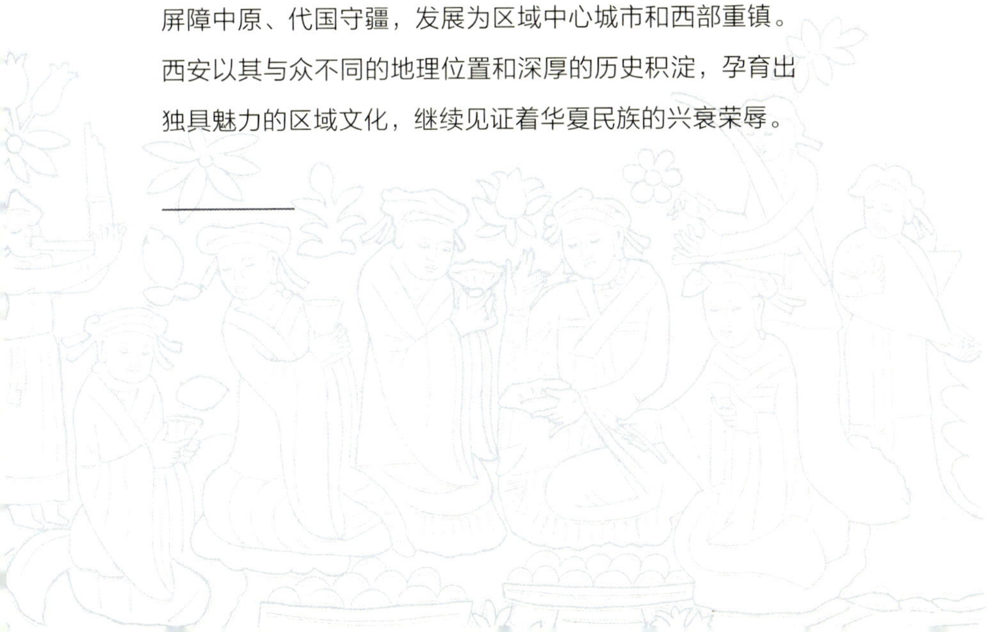

一、府城典范

在唐末的战乱中，长安城遭到了毁灭性的破坏。后梁立国后将首都迁至中原腹地，长安则被改为大安府，唐时的外郭城被废弃，“新城”只保留了唐代皇城的区域，这一情况一直延续到明代初年。后唐则将长安旧地作为西京，恢复了京兆府的名称，这一做法为后晋、后汉、后周所沿袭。宋、金两朝亦在长安设置京兆府。元代先改称安西总管府，皇庆元年（1312）又改为奉元路，长安日益发展成为守护国家西北、西南的重镇。

明代洪武二年（1369），改奉元路为西安府，“西安”一称使用至今。明太祖朱元璋对西安的战略地位较为重视，不仅派皇太子考察西安作为国都的可能性，还将次子朱樉封为秦王，领重兵镇守陕西、戍卫西北。明代在保持城市长方形平面特征不变的情况下向北、向东扩建了城区，使城的面积由原来的5.2平方千米扩大到11.5平方千米。明城墙四面各开一门，即东面的长乐门、南面的永宁门、西面的安定门、北面的安远门，四门各设正楼、箭楼和闸楼；后来为了屯兵防守的需要还增高、加固了城墙，使用青砖包葺了城墙外壁和顶面。修葺一新的明西安府城沿用600余年大体未变，成为中国现存规模最大、保存最完整的古代城垣之一。号称“天下第一藩”的秦王府邸坐落于西安城中部，城内的地标建筑则参照国都的等级施工，比如位于市中心的钟、鼓楼，均是目前国内同类建筑中形制最大、保存最完整的。明代末年，随着四门之外关厢地带的发展，又加修了四关城墙予以保护。清代大体继承了明西安府城的规模和形制，东、南、西、北四条直通城门的大街汇聚于钟楼。鼓楼以西分布有陕甘总督衙门和陕西巡抚衙门，城中的秦王府则被拆除，改为练兵的教场。

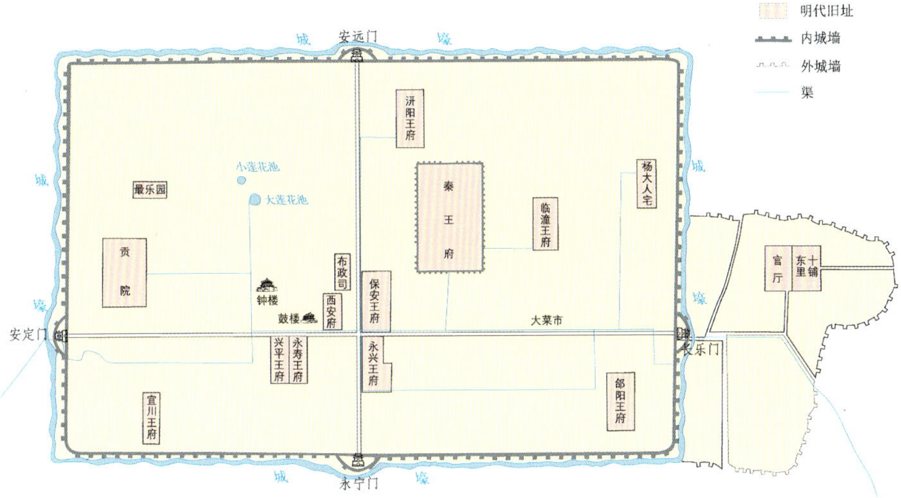

◎ 明代西安府城示意图

二、文风蔚然

作为拥有千年帝都历史的城市，西安文化底蕴深厚，唐代之后的长安文人在开拓学术思想的同时也注重保护前朝遗留下来的文化遗产，其中以“关学”和碑林的创立最具代表性。

“为天地立心，为生民立命，为往圣继绝学，为万世开太平”，这句言简意赅、为历代传颂不衰的“横渠四句”，是北宋思想家、教育家张载的名言。生于长安的凤翔郿县横渠镇的张载，世称横渠先生，他潜心研究儒学经典，辞官归家后，创立了“关学”。主张学以致用，力图把学术思想与社会问题联系起来，为现实服务。其学说与宋代二程的洛学、周敦颐的濂学、王安石的新学、朱熹的闽学齐名，共同构成了宋代儒学的主流。

“关学”的发展与壮大离不开“蓝田四吕”的贡献。“四吕”即吕大忠、吕大防、吕大钧和吕大临四兄弟，四人均在北宋朝廷担任要职。他们的祖父吕通曾任太常博士，因葬在蓝田，吕氏遂移居于此；其父吕蕡（jī）育有六子，一个夭折，其余五人登科及第。目前有史可查的吕氏四兄弟在文化、学术领域均颇有建树。吕大钧与张载为同科进士，因敬佩张载的道德、学识而拜其为师，后来其兄大忠、弟大临也相继尊张载为师，于是关中学者竞相求学于张氏门下，使“关学郁郁满秦川”，并形成“关学之盛，不下洛学”的局面。四吕之中尤以吕大临的学术贡献最为突出，是张载弟子中对“关学”发展贡献最大、“守横渠学甚固”之人。他也是我国最早的金石学家之一，所撰《考古图》《考古图释文》，奠定了现代考古学、古文字学的基础，被视为中国考古学的鼻祖。2008 年，陕西省考古研究院与陕西历史博物馆对蓝田县三里镇乡五里头村的吕氏家族墓进行清理发掘，出土了大量西周至北宋时期的文物，成为研究宋代历史文化的珍贵资料。

西安碑林的创建亦与四吕中的吕大忠有直接关系。唐代曾在长安城务本坊太学及国子监内分别刻立《石台孝经》《开成石经》，唐末佑国军节度使韩建、后梁永平军节度使刘鄩（xún）先后将这两种石经迁至唐尚书省西隅附近。北宋之时，漕运使吕大忠领漕陕右，看到石经存放在“地杂民居，其处洼下”之地，遂于元祐二年（1087）将石经及其他唐宋碑刻徙至“府学之北墉”，拉开碑林设立的大幕。崇宁二年（1103）虞策知永兴军时，又将府学迁至“府城之东南隅”，即西安碑林现址，经过一系列的修建和改造，最终形成了府学、文庙、碑林的初步格局。西安碑林建立后经过历代朝廷和有识之士的不断修缮与添置收藏，成为中国古代文化典籍刻石的集中地和历代著名书法艺术珍品的荟萃之地。

宋代以后商品经济发达，市民阶层兴起、城镇空前繁荣。发源于陕西的古老剧种——秦腔也迅速发展传播。秦腔能上溯到秦汉时期，唱腔大致在唐代基本定型，当时仅限于宫廷演唱。安史之乱爆发后，宫廷艺人流落民间，秦腔才得以在民间流行。明代秦腔已传播至全国不少地方。清代是秦腔的繁盛时期，清中叶以后，除山海关以外的东北三省尚未有秦腔的足迹外，其他各省都有流行。清乾隆年间，名冠南北的秦腔艺术大家魏长生，曾经三度进京演出，在把秦腔艺术推向了顶峰的同时，也直接影响了各个梆子腔剧种以及京剧的形成和发展。2006 年，秦腔被国务院列入全国首批非物质文化遗产名录。

◎ 西安碑林博物馆

三、道聚中外

宋元时期战祸绵延，少数民族入主中原，民族矛盾激化，许多关中人辞官不就，慨然入道。陕西咸阳人王重阳糅合儒、释、道三家思想，在关中创立“全真道教”，很快就风靡全国。到了元代，全真教被定为国教，王重阳的弟子丘处机更是深得成吉思汗赞赏，死后被封为长春真人。王重阳羽化后，遗骨被护送归葬户县（今鄠邑区）旧居，并在当地建立道观。其弟子马丹阳手书“祖庭心死”一匾于大殿之上，从此道教信徒称这里为“祖庵”，后又改称“重阳宫”，是全真教三大祖庭之首，享有“天下祖庭”“全真圣地”之誉。

西安城区最著名的道观当数位于唐朝兴庆宫长乐坊的八仙宫。相传全真道祖师、八仙之首的吕洞宾，就是在这里的酒肆遇到汉钟离，被点破千秋迷梦而感悟成道的，因而八仙宫被视为道教仙迹胜地。金元时，全真教在这里修建了八仙庵，到明代已成为道教的十方丛林。清末庚子事变时，慈禧太后与光绪皇帝避难西安，曾驻跸八仙宫，并易八仙庵庙额为“敕建万寿八仙宫”，时至今日，八仙宫仍是陕西道教集会活动的胜地。

元代，随着蒙古人在亚欧大陆的扩张，丝绸之路又重新畅通起来。当这些西征的军队东返时，西亚、中亚的穆斯林以官吏、使节、教士、学者、军士、商人、工匠、驱口等名义随蒙古人东迁中原，长安是他们重要的驻足地之一。至元二十四年（1287），忽必烈三子忙哥剌的儿子阿难答继任安西王，镇守长安，这位自幼被养于穆斯林家庭的蒙古王爷，在辖区内大力推行伊斯兰信仰，长安穆斯林聚居区与清真寺的建设得到迅速发展。明代初年，朝廷对伊斯兰教采取扶植政策，重用穆斯林上层人士，并以朝廷的名义新建和扩建了不少清真寺，如化觉巷清真寺、大学习巷清真寺、小皮院清真寺。明中叶前后，在西安城鼓楼西侧，由穆斯林聚居区与清真寺构成的回坊大致成型，在清代同治年之前，最终发展为七寺十三坊的格局。

附录

游客服务信息

一、展厅介绍

1. 序厅“千年古都”

有人说：“要了解中国1000年的历史您可以去北京，而要了解中国3000年的历史您就一定要来西安。”这句话极为形象地概括了西安的历史地位。这部分展览利用实物和图片介绍了古城西安3100多年的历史演变。

从西周在这里建都开始，先后有西周、秦、西汉、新莽、东汉献帝、西晋愍（mǐn）帝、前赵、前秦、后秦、西魏、北周、隋、唐13个王朝在这里建都，时间长达1100余年之久。

2. 基本陈列“帝都万象”

“帝都万象”分为两个展厅，以贯穿西安历代史的“周秦文明”“汉唐风采”“府城华章”为轴线，以各个历史时期的文物为组合，突出反映西安地区自商周时期以来3000多年的社会、生活状况。汉唐时期是长安城最为繁荣的阶段，这里既是当时全国的政治、经济、宗教、文化、艺术中心，同时也是丝绸之路的起点和国际经贸、文化交流的大都会，数量庞大、种类繁多的出土文物印证了这一点，从不同侧面反映出帝都生活的万千气象。唐以后西安虽不是都城，但仍作为西北重镇肩负着区域性的政治经济文化中心的重任。

周秦文明：古代社会生活以“国之大事，惟祀与戎”作为主轴，也就是指祭祀与征战是国家最重要的两件事。此展厅中的许多西周青铜器出土于西安市长安区丰镐遗址，作为处在青

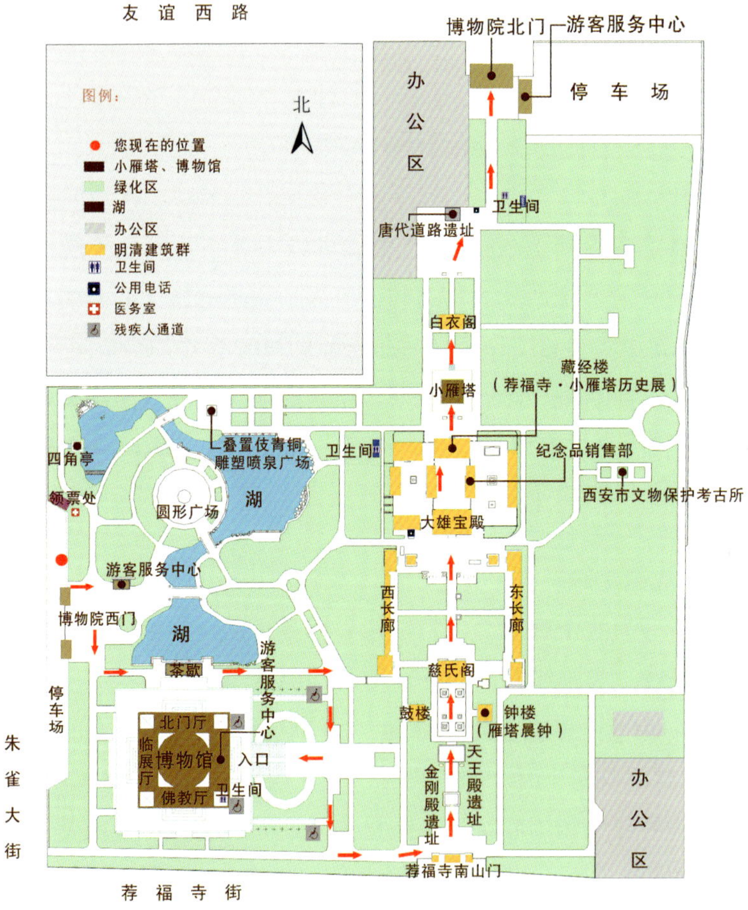

◎ 西安博物院综合导览图

铜器发展的鼎盛时期——西周王朝的最重要的都邑城市，丰镐地区的青铜器不仅形成了自身的特点，同时还具备向周边地区辐射自身文化的影响力，因此对这一地区的遗址进行发掘和研究，了解其丰富的内涵和典型特征，为研究其他地区西周文化提供了最权威的参照。

汉唐风采：汉唐时期是长安城最为繁荣的阶段，这里既是当时全国的政治、经济、宗教、文化、艺术中心，同时也是丝绸之路的起点和国际经贸、文化交流的大都会，数量庞大、种类繁多的出土文物印证了这一点。

府城华章：唐朝末年，战争频发。政治中心东迁，使长安失去了它的国都地位。但由于这里地处国家西北的军事要冲，且作为陆上丝绸之路的东方起点，贸易往来频繁，仍受到宋元明清统治者的高度重视。

二、开放时间

3 月 15 日至 10 月 31 日

发票时间：9：00—17：00（18：00 清园）；

11 月 1 日至次年 3 月 14 日

发票时间：9：00—16：30（17：30 清园）。

每周二闭馆（国家法定节假日除外）

咨询电话：029-87803591

三、交通路线

地址：西安博物院位于陕西省西安市南门外友谊西路，北门（西安市友谊西路 72 号）、西门（西安市朱雀大街）。

公交：经过“小雁塔”站的公交线路有 18、203、204、218、21、224、229、29、32、407、40、410、46、508、521、700、707、713、游 7、游 8 等。

四、门票获取

游客入园均采用实名制，进入博物院只需携带本人身份证即可免费领取一张门票（登塔不包括在内），凭票入园；也可以通过网络预约门票，凭码入园。

预约流程如下：

（1）官方预约通道：关注西安博物院微信公众号，点击右下角“游客服务”选择“门票预约”，进入预约界面；也可进入西安博物院官方网站，通过手机微信扫描官网首页的“门票预约”二维码进行预约。预定成功后会生成“预约成功二维码”，在预约日凭此二维码有序入园。

（2）其他预约通道：美团 APP/ 大众点评 APP，搜索西安博物院，点击“免费预约”，选择“出行日期”，进行实名登记预约，在预约日凭“美团门票预约成功二维码”有序入园。

（3）已到达现场但未提前网络预约的游客，需要用微信 / 美团 / 大众点评扫描景区门口二维码进行现场预约，同样出示“预约成功二维码”有序入园。

西安博物院　　西安博物院小雁塔

五、特色活动

西安博物院深入挖掘博物馆文化并结合馆藏文物开展主题性活动，目前已开设数十余种主题活动，含各类研学活动、宣讲活动等，通过主题参观、知识导入、手工制作等环节让少年儿童近距离接触博物馆文化，既动手又动脑，让大家在轻松愉快的氛围中有学有玩。其中，针对 6 ~ 12 岁少年儿童的教育活动最受关注，这些丰富多彩的互动体验项目为青少年了解、学习博物馆知识和中华优秀传统文化提供了很好的实践。实践活动主要包括“彬彬有礼中国人”“穿在身上的历史”“我的城市我的家”“祖国在我心中”等。

西安博物院官方网站网址：http://www.xabwy.com/

◎ 西安博物院特色活动（组图）

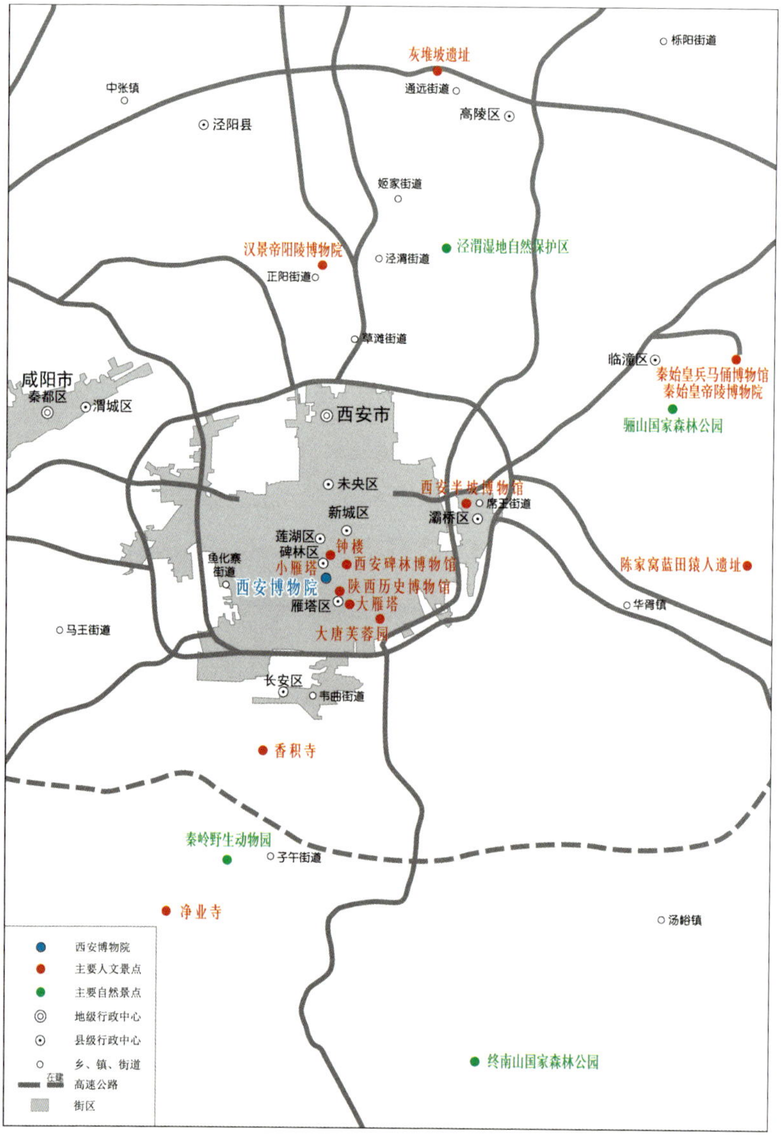
灰堆坡遗址
栎阳街道
中张镇
通远街道
高陵区
泾阳县
姬家街道
汉景帝阳陵博物院
泾渭湿地自然保护区
泾渭街道
正阳街道
草滩街道
临潼区
秦始皇兵马俑博物馆
秦始皇帝陵博物院
咸阳市
秦都区
渭城区
西安市
骊山国家森林公园
未央区
西安半坡博物馆
席王街道
新城区
灞桥区
莲湖区
碑林区
钟楼
鱼化寨街道
小雁塔
西安碑林博物馆
西安博物院
陕西历史博物馆
陈家窝蓝田猿人遗址
雁塔区
大雁塔
华胥镇
马王街道
大唐芙蓉园
长安区
韦曲街道
香积寺
秦岭野生动物园
子午街道
净业寺
汤峪镇
西安博物院
主要人文景点
主要自然景点
地级行政中心
县级行政中心
乡、镇、街道
在建
高速公路
街区
终南山国家森林公园

◎ 西安博物院周边景点

陕西省博物馆分布示意图

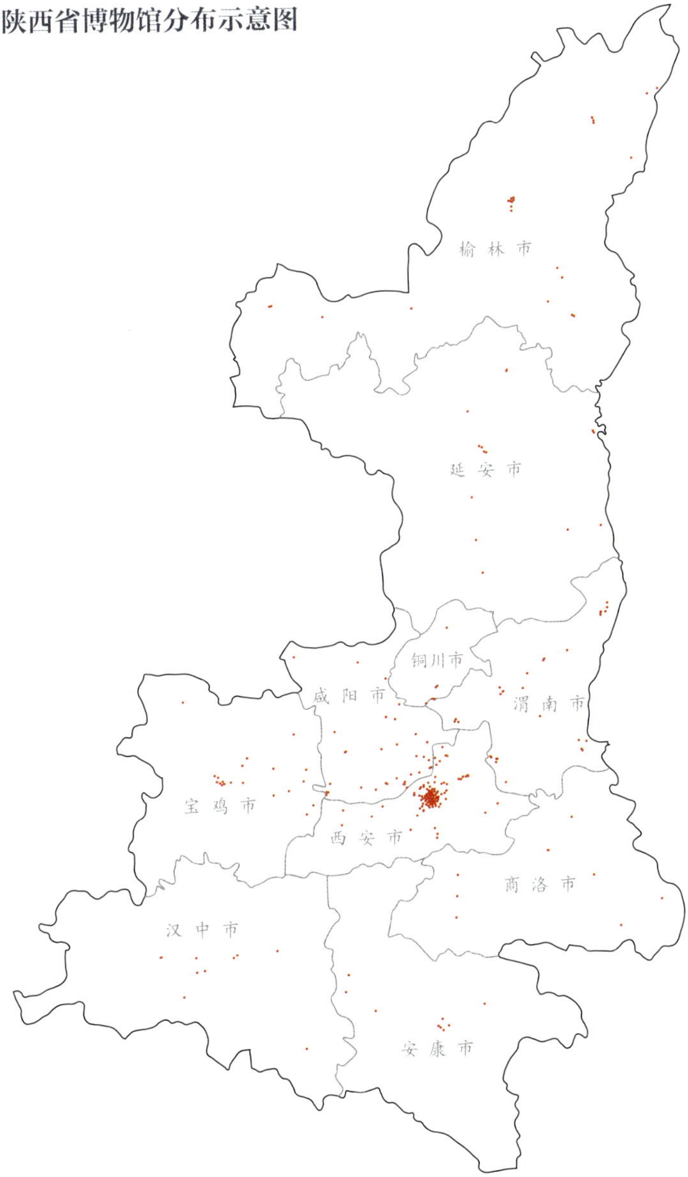

陕西省博物馆名录

序号	名称	地理位置	性质	等级	备注
		西　安			
1	陕西历史博物馆	小寨东路91号	文物	一级	免费开放
2	秦始皇帝陵博物院	临潼区	文物	一级	
3	西安碑林博物馆	三学街15号	文物	一级	
4	汉景帝阳陵博物院	泾河工业园	文物	一级	
5	西安博物院	友谊西路72号	文物	一级	免费开放
6	西安半坡博物馆	半坡路155号	文物	一级	
7	西安事变纪念馆	建国路69号	文物	二级	免费开放
8	八路军西安办事处纪念馆	北新街七贤庄1号	文物	二级	免费开放
9	西安市钟鼓楼博物馆	西大街1号	文物		
10	西安市青龙寺遗址博物馆	铁炉庙村北1号	文物		免费开放
11	汉长安城遗址长乐宫四、五号遗址陈列馆	罗高路罗家寨村	文物		免费开放
12	丰镐遗址车马坑陈列馆	长安区马王镇沣京中路10号	文物		免费开放
13	临潼区鸿门宴博物馆	临潼区鸿门宴路2号	文物		
14	华清池唐华清宫御汤遗址博物馆	临潼区华清路38号	行业		
15	临潼博物馆	临潼区环城东路1号	文物	三级	免费开放
16	长安区杜甫纪念馆	长安区韦曲街道办双竹村	文物		免费开放
17	长安民居博物馆	长安区王曲镇马厂堡子村	文物		免费开放
18	临潼区扁鹊纪念馆	临潼区代王街道办陈东村	文物		免费开放
19	仙游寺博物馆	周至县马召镇金盆水库北梁	文物		
20	周至博物馆	周至县中心街云塔十字南	文物		
21	蓝田县蔡文姬纪念馆	蓝田县三里镇蔡王村文姬路	文物		免费开放
22	葛牌镇区苏维埃政府纪念馆	蓝田县葛牌镇葛牌街	文物		免费开放
23	蓝田水陆庵壁塑博物馆	蓝田县普化镇杨斜村	文物		免费开放
24	蓝田猿人遗址博物馆	蓝田县九间房镇公王岭	文物		免费开放
25	汪锋故居纪念馆	蓝田县九间房镇街子村	文物		免费开放
26	高陵区博物馆	高陵区昭慧路昭慧广场	文物		免费开放
27	汉长安城遗址陈列馆	邓六路中段	文物		免费开放
28	西安市长安博物馆	长安区西长安街559号	文物		免费开放
29	秦阿房宫遗址博物馆	长安区王寺东街172号	文物		免费开放
30	高陵区西北人民革命大学旧址博物馆	高陵区通远街道	文物		免费开放

续表

序号	名称	地理位置	性质	等级	备注
31	陕西自然博物馆	长安南路 88 号	行业	二级	
32	陕西科学技术馆	新城广场	行业		免费开放
33	西安唐皇城墙含光门遗址博物馆	含光路西安城墙内	行业	三级	
34	西安中国书法艺术博物馆	含光路西安城墙内	行业		免费开放
35	西北大学博物馆	太白北路 229 号西北大学内	行业		免费开放
36	陕西师范大学博物馆	长安区郭杜镇陕西师范大学长安校区内	行业		免费开放
37	西安建筑科技大学校史馆	雁塔路 13 号西安建筑科技大学校内	行业		免费开放
38	西安建筑科技大学贾平凹文学艺术馆	雁塔路 13 号西安建筑科技大学校内	行业		免费开放
39	长安大学地质博物馆	雁塔路南段 126 号长安大学内	行业		免费开放
40	陕西体育博物馆	丈八东路 303 号	行业		免费开放
41	西安工程大学纺织服装博物馆	临潼区陕鼓大道 58 号	行业		免费开放
42	秦二世陵遗址博物馆	曲江池南路 252 号	行业		
43	大明宫国家遗址公园考古探索中心	自强东路 585 号	行业		
44	大明宫遗址博物馆	自强东路 585 号	行业		
45	大明宫国家遗址公园丹凤门遗址博物馆	自强东路 585 号	行业		
46	西安大华博物馆	太华南路 251 号	行业		免费开放
47	西安钱币博物馆	西大街 188 号	行业		免费开放
48	陕西钱币博物馆	高新路 49 号	行业		免费开放
49	西安金威啤酒博物馆（雪花啤酒文化博物馆）	凤城十二路 99 号	行业		免费开放
50	空军军医大学口腔医学博物馆	长乐西路 145 号空军军医大学第三附属医院北院	行业		免费开放
51	西安交通大学博物馆	咸宁西路 28 号西安交通大学兴庆校区内	行业		免费开放
52	高陵区防震减灾科普馆	高陵区泾渭上城南侧	行业		免费开放
53	西安浐灞生态区城建博物馆	浐灞大道 1 号浐灞商务中心	行业		免费开放
54	西安市贾平凹文学艺术博物馆	临潼区芷阳三路 9 号	行业		免费开放
55	西安市非物质文化遗产博物馆	文艺北路 197 号	行业		免费开放
56	西安美术学院美术博物馆	含光路南段 100 号西安美术学院 2 号教学楼内	行业		免费开放
57	西安音乐学院艺术博物馆	长安中路 108 号	行业		免费开放
58	西安汉风水务博物馆	北二环西段汉城湖景区大风阁	行业		

续表

序号	名称	地理位置	性质	等级	备注
59	长安大学公路交通博物馆	长安大学渭水校区	行业		免费开放
60	唐华清宫梨园遗址博物馆	临潼区	行业		
61	军用航空科技博物馆	灞桥区霸陵路1号空军工程大学航空工程学院内	行业		免费开放
62	陕西科技大学中国轻工业博物馆	未央区大学园区陕西科技大学	行业		免费开放
63	西安交通大学附属中学博物馆	雁塔区雁翔路99号	行业		免费开放
64	西安市曲江第二小学儿童博物馆	雁翔路4050号曲江第二小学内行政楼4楼	行业		免费开放
65	西安建筑科技大学中国音乐史博物馆	高新区草寺东路西安建筑科技大学草堂校区	行业		免费开放
66	交大西迁博物馆	咸宁西路28号西安交通大学兴庆校区南门内东侧	行业		免费开放
67	西安大唐西市博物馆	劳动南路1号	非国有	一级	免费开放
68	西安关中民俗艺术博物院	长安区南五台山路1号	非国有		
69	西安市高家大院古典服饰博物馆	北院门144号高家大院	非国有		免费开放
70	西安经文牛文化陶瓷博物馆	凤城一路23号	非国有		
71	陕西元阳文化博物馆	顺城南巷中段33号	非国有		免费开放
72	大明宫陶瓷艺术博物馆	自强东路585号	非国有		免费开放
73	西安海棠职业学院中医美容博物馆	水安路30号	非国有		免费开放
74	陕西汉唐石刻博物馆	沣东新城红光路44号沣东自贸新天地西里W-Z002	非国有		免费开放
75	西安皇家艺术博物馆	未央区汉城街道办西查村北（石化大道）	非国有		免费开放
76	陕西亮宝楼艺术博物馆	雁引路35号	非国有		免费开放
77	西安美都博物馆	丰景路中段	非国有		免费开放
78	西安秦砖汉瓦博物馆	曲江雁翔路1号大汉上林苑杜陵景区	非国有		
79	西安于右任书法艺术博物馆	玄武路69号（锦园新世纪社区中心广场旁）	非国有		免费开放
80	陕西万达博物院	林带路中段中国唐苑内	非国有		
81	陕西唐三彩艺术博物馆	南二环东段559号	非国有		免费开放
82	西安户邑民间艺术博物馆	大唐芙蓉园唐市内	非国有		免费开放
83	西安曲江艺术博物馆	大雁塔南广场西侧威斯汀酒店内	非国有		
84	西安曲江富陶国际陶艺博物馆	大唐芙蓉园南门唐市	非国有		免费开放
85	陕西毛泽东敬览馆	雁塔区长鸣路68号	非国有		免费开放
86	西安于右任故居纪念馆	碑林区书院门52号	非国有		

续表

序号	名称	地理位置	性质	等级	备注
87	西安源浩华藏博物馆	雁南三路大唐不夜城开元广场东侧华藏阁	非国有		免费开放
88	西安健康博物馆	西影路178号	非国有		免费开放
89	长安古钱币博物馆	长安南路300号	非国有		免费开放
90	西安唐都新碑林艺术博物馆	大明宫国家遗址公园内考古探索中心东侧	非国有		免费开放
91	西安锦业美术博物馆	高新区锦业路76号	非国有		免费开放
92	西安曲江大玉坊博物馆	临潼区会昌路和东关正街十字	非国有		免费开放
93	西安柴窑文化博物馆	雁南三路开元广场西侧	非国有		免费开放
94	西安高陵钱币博物馆	高陵区榆楚仁马路陕汽重卡发运中心五楼	非国有		免费开放
95	西安高陵奇石博物馆	高陵区桑军大道与310国道交会处	非国有		
96	高陵祥顺博物馆	高陵区南新街226号	非国有		免费开放
97	西安市新美域和镜博物馆	高新一路12号天公装饰大厦一层	非国有		免费开放
98	西安市曲江红色记忆博物馆	翠华南路808号科泰大厦9层	非国有		免费开放
99	西安市大唐青铜镜博物馆	高新区锦业二路逸翠尚府北区二栋	非国有		免费开放
100	西安市雅观陶瓷艺术博物馆	北二环中段669号	非国有		免费开放
101	西安市起良蔡侯纸博物馆	西高新九峰镇起良村	非国有		免费开放
102	西安市蓝田玉文化博物馆	蓝田县焦岱镇	非国有		免费开放
103	西安市水墨长安艺术博物馆	灞桥区柳雪路996号	非国有		免费开放
104	西安市荞麦园美术博物馆	含光路100号	非国有		免费开放
105	西安市曲江丝路遗珍博物馆	大唐芙蓉园紫云楼四楼	非国有		免费开放
106	西安市明清皮影艺术博物馆	雁南一路南侧100米	非国有		免费开放
107	西安市城市记忆博物馆	新城区幸福南路109号老钢厂设计创意产业园1号楼	非国有		免费开放
108	西安市圣普美术博物馆	新城区自强东路585号丹凤门西	非国有		免费开放
109	楼增良红木雕刻艺术博物馆	西咸新区空港新城规划园区十路西	非国有		免费开放
110	西安红色体育博物馆	凤城八路鼎正大都城	非国有		免费开放
111	西安市民间金融博物馆	新城区民乐园万达一号楼	非国有		免费开放
112	西安市吉兆春皮肤医药博物馆	高陵区中小企业聚集园C-4五楼	非国有		免费开放
113	西安市太乙面食文化博物馆	长安区太乙街办新一社区	非国有		免费开放
114	西安市城市影像博物馆	雁塔区科技路305号西安大都荟Localand D11(F3)	非国有		免费开放

续表

序号	名称	地理位置	性质	等级	备注
115	西安市石仟佛造像艺术博物馆	曲江慈恩西路69号	非国有		免费开放
116	西安市古陶瓷博物馆	灞桥区电厂南路8号	非国有		免费开放
117	西安市羊文化博物馆	雁塔区雁翔路93号	非国有		免费开放
118	西安市中国古琴博物馆	沣东新城沣河东路818号	非国有		免费开放
119	西安市新梦想影业博物馆	雁塔区朱雀大街南段12号城市立方5层	非国有		免费开放
120	西安市新源民俗艺术博物馆	高陵区通远镇史喻村六组	非国有		免费开放
121	西安市德江陶瓷模范标本博物馆	灞桥区白鹿仓灞柳东路2，3，5号白家大院	非国有		免费开放
122	西安市团结民俗博物馆	未央区团结村三组甲字一号	非国有		免费开放
123	西安市惟德玉文化博物馆	沣东新城三桥街办西安车辆厂生活区二期东2号	非国有		免费开放
咸　阳					
124	乾陵博物馆	乾县永泰公主墓院内	文物	二级	
125	咸阳博物院	中山街中段53号	文物	二级	免费开放
126	秦咸阳宫遗址博物馆	西安市秦汉新城窑店街道办	文物		免费开放
127	秦都区沙河古桥遗址博物馆	西安市西咸新区渭阳中路	文物		免费开放
128	兴平市博物馆	兴平市县门东街29号	文物		
129	茂陵博物馆	兴平市南位镇茂陵村南	文物	二级	
130	兴平市杨贵妃墓博物馆	兴平市马嵬街道办西	文物		
131	昭陵博物馆	礼泉县烟霞镇街道	文物	二级	
132	三原县博物馆	三原县城关镇东大街33号	文物	三级	
133	周家大院民俗博物馆	三原县鲁桥镇孟店村	文物		
134	泾阳县博物馆	泾阳县北极宫大街南端	文物		免费开放
135	长武县博物馆	长武县昭仁镇东街昭仁寺内	文物		免费开放
136	“二八”革命暴动纪念馆	旬邑县迎宾大道旁	行业		免费开放
137	彬县大佛寺石窟博物馆	彬州市城关镇312国道旁	文物		
138	武功苏武纪念馆	武功县武功镇龙门村	文物		免费开放
139	陕西三原于右任纪念馆	三原县宴友思大街东段	文物		免费开放
140	淳化县文博馆	淳化县南新街	文物		免费开放
141	旬邑县博物馆	旬邑县东大街	文物		免费开放
142	旬邑县唐家民俗博物馆	旬邑县太村镇唐家村	文物		
143	安吴青年训练班纪念馆	泾阳县安吴镇安吴村	文物		免费开放
144	淳化县爷台山战役纪念馆	淳化县方里镇北峰村爷台山战地主题公园	文物		免费开放

续表

序号	名称	地理位置	性质	等级	备注
145	马栏革命纪念馆	旬邑县马栏镇马栏村	文物		免费开放
146	永寿县博物馆	永寿县解放街 10 号	文物		免费开放
147	陕西水利博物馆	泾阳县王桥镇	行业		免费开放
148	咸阳墙体材料博物馆	中华西路 4 号	行业		免费开放
149	陕西医史博物馆	世纪大道中段陕西中医学院校园内	行业		免费开放
150	毛泽东像章珍藏馆	秦都区渭滨街道步长路 16 号	非国有		免费开放
151	秦都古陶博物馆	玉泉东路泉南一巷内	非国有		免费开放
152	秦汉新城红色记忆博物馆	西安市秦汉新城双照街道肖何庙村	非国有		免费开放
153	陕西明善博物馆	西安市西咸新区沣东街道水井路沣禾苑内	非国有		免费开放
154	咸阳清渭楼美术博物馆	渭阳东路清渭楼	非国有		免费开放
155	秦汉新城秦渭博物馆	西安市西咸新区西兰路北上召十字西北角	非国有		免费开放
宝鸡					
156	宝鸡青铜器博物院	滨河大道中华石鼓园	文物	一级	免费开放
157	宝鸡民俗博物馆	西宝路 12 号	文物		免费开放
158	宝鸡周原博物馆	扶风县法门镇召陈村	文物	二级	
159	宝鸡北首岭博物馆	金台区建群巷 17 号	文物		
160	法门寺博物馆	扶风县法门寺文化园区	文物	二级	
161	宝鸡先秦陵园博物馆	凤翔县南指挥镇	文物		
162	宝鸡市渭滨区博物馆	渭滨区公园路 210 号	文物		
163	宝鸡大唐秦王陵博物馆	金台区金河镇陵塬村	文物		
164	凤县革命纪念馆	凤州镇凤州村	文物		免费开放
165	凤翔县博物馆	凤翔县文化路西段	文物	三级	免费开放
166	扶风县博物馆	扶风县城老区东大街 5 号	文物	三级	免费开放
167	麟游县博物馆	麟游县东大街 8 号	文物		
168	岐山县博物馆	岐山县城北大街	文物		
169	岐山县周原博物馆	岐山县京当镇贺家村	文物		
170	岐山县五丈原诸葛亮庙博物馆	岐山县蔡家坡镇五丈原村	文物		
171	张载纪念馆	眉县横渠镇西街 45 号	文物		免费开放
172	陇县博物馆	陇县东大街 9 号	文物		免费开放
173	眉县博物馆	眉县滨河文化产业新区平阳阁内	文物		免费开放
174	宝天铁路英烈纪念馆	渭滨区南关路 98 号	行业		免费开放

续表

序号	名称	地理位置	性质	等级	备注
175	扶眉战役纪念馆	眉县常兴镇	行业		免费开放
176	陕西华厦古代艺术博物馆	高新大道 59 号	非国有		免费开放
177	宝鸡太白山佛教艺术博物馆	眉县汤峪镇中心大道 1 号太白印象度假酒店 2 楼	非国有		免费开放
178	宝鸡天喜自然博物馆	金台区中山东路 223 号藏宝楼	非国有		免费开放
179	宝鸡乾坤古珍博物馆	渭滨区石鼓太阳市古玩城 3 楼	非国有		免费开放
180	宝鸡方圆青铜陶艺博物馆	渭滨区滨河大道 88 号太阳市艺术中心 1 号楼	非国有		免费开放
181	宝鸡聚旺博物馆	滨河大道 88 号石鼓太阳市个人艺术中心 7 号楼	非国有		免费开放
		铜　川			
182	耀州窑博物馆	王益区黄堡镇新宜南路 25 号	文物	二级	免费开放
183	药王山博物馆	耀州区药王山景区	文物		
184	铜川市玉华博物馆	印台区玉华镇玉华宫森林公园内	文物	三级	
185	陕甘边革命根据地照金纪念馆	耀州区照金镇	行业		免费开放
186	铜川市耀州区博物馆	耀州区学古路 34 号	文物		免费开放
187	宜君县博物馆	宜君县万寿路 27 号	文物		免费开放
188	郭秀明纪念馆	印台区红土镇惠家沟村	文物		免费开放
189	陈炉古镇生态博物馆	印台区陈炉镇街道	文物		免费开放
190	宜君旱作梯田农业生态博物馆	宜君县哭泉镇旱作梯田内	文物		免费开放
191	孙思邈纪念馆	耀州区药王山景区	文物		免费开放
		渭　南			
192	渭南市博物馆	临渭区乐天大街中段	文物		免费开放
193	渭南市临渭区博物馆	临渭区老城街 115 号	文物		免费开放
194	西岳庙博物馆	华阴市岳庙仿古步行街东段	文物		
195	渭华起义纪念馆	华州区高塘镇南堡村	文物		免费开放
196	潼关杨震廉政博物馆	潼关县秦东镇四知村	文物		免费开放
197	合阳县博物馆	合阳县东大街 02 号	文物		免费开放
198	蒲城县博物馆	蒲城县红旗路中段正街 14 号	文物	三级	
199	蒲城县清代考院博物馆	蒲城县东槐院巷 17 号	文物		
200	蒲城县王鼎纪念馆	蒲城县城关镇达仁巷 54 号	文物		免费开放
201	蒲城县杨虎城将军纪念馆	蒲城县东槐院巷 29 号	文物		免费开放
202	澄城县博物馆	澄城县城区东九路古徵公园东侧	文物		免费开放
203	白水仓颉庙博物馆	白水县史官镇	文物		
204	潼关博物馆	潼关县秦东镇东山景区	文物		免费开放

续表

序号	名称	地理位置	性质	等级	备注
205	蒲城县惠陵博物馆	蒲城县桥陵镇三合村	文物		
206	富平县文庙博物馆	富平县城关街道办莲湖村正街41号	文物		免费开放
207	富平习仲勋纪念馆	富平县怀德大街中段	行业		免费开放
208	临渭区蒲阳古城文化民俗博物馆	临渭区蔺店镇蒲阳村	非国有		免费开放
209	潼关酱菜博物馆	潼关县城东环路	非国有		免费开放
210	潼关县秦王寨历史博物馆	潼关县太要镇马趵泉景区内	非国有		免费开放
211	蒲城县林则徐纪念馆	蒲城县城内权把巷六号	非国有		
212	蒲城李仪祉纪念馆	蒲城县洛滨镇富塬村	非国有		免费开放
213	大荔县民俗博物馆	渭南市大荔县南七村	非国有		
214	富乐国际陶艺博物馆群	富平县乔山路1号	非国有		
215	富平频阳博物馆	富平县莲湖大街东段（实验中学西邻）	非国有		免费开放
		延安			
216	延安革命纪念馆	圣地路9号	文物	一级	免费开放
217	洛川县博物馆	洛川县解放路北段	文物	三级	免费开放
218	洛川会议纪念馆	洛川县永乡镇冯家村	文物	三级	免费开放
219	吴起革命纪念馆	吴起县县城中街燕窝山脚	文物		免费开放
220	黄龙县博物馆	黄龙县南环路134号	文物		免费开放
221	瓦窑堡革命旧址纪念馆	子长县城瓦窑堡中心街151号	文物		免费开放
222	志丹县保安革命旧址纪念馆	志丹县双拥街268号	文物		免费开放
223	延安市安塞区文化文物馆	安塞区文化艺术中心大楼0819室	文物		免费开放
224	甘泉县博物馆	甘泉县中心街052号	文物		
225	富县鄜州博物馆	富县正街县政府广场北侧	文物		免费开放
226	吴起中央红军长征胜利纪念馆	吴起县县城中街和平路2号	文物		免费开放
227	延长县红军东征纪念馆	延长县旧居巷北段	文物		免费开放
228	军委二局安塞县纪念馆	安塞区沿河湾镇碟子沟村	文物		
229	西北局纪念馆	宝塔区南桥	文物		免费开放
230	宜川县博物馆	宜川县文体活动中心一楼	文物		免费开放
231	延安枣园革命旧址管理处	宝塔区枣园街道办事处枣园旧址	文物		免费开放
232	延安杨家岭革命旧址管理处	宝塔区杨家岭村	文物		免费开放
233	延安凤凰山革命旧址管理处	宝塔区北大街凤凰山旧址广场	文物		免费开放
234	抗大纪念馆	宝塔区北大街凤凰山旧址广场	文物		免费开放
235	延安新闻纪念馆	宝塔区清凉山南麓	文物	三级	

续表

序号	名称	地理位置	性质	等级	备注
236	钟山石窟博物馆	子长县安定镇安定村钟山南麓	文物		
237	子长革命烈士纪念馆	子长县安定西路1号	行业		免费开放
238	延安杜公祠博物馆	宝塔区七里铺大街	文物		
239	延安知青博物馆	宝塔区枣园中段	文物		免费开放
240	延安南泥湾革命旧址纪念馆	南泥湾开发区南泥湾镇桃宝峪村	文物		免费开放
241	王家坪革命旧址纪念馆	宝塔区圣地路王家坪旧址	文物		免费开放
242	陕甘宁边区银行纪念馆	宝塔区南关市场沟	行业		免费开放
243	延安南区合作社纪念馆	宝塔区柳林镇中心地段	行业		免费开放
244	洛川黄土地质博物馆	洛川县凤栖镇谷咀村	行业		
245	陕甘宁边区革命英烈纪念馆	宝塔区河庄坪镇李家洼村	行业		免费开放
246	碾（niǎn）畔（pàn）黄河原生态民俗博物馆	延川县乾坤湾镇碾畔村	非国有		免费开放
		榆林			
247	榆林市汉画像石博物馆	世纪广场北一号楼一层	文物		免费开放
248	榆林市镇北台长城博物馆	城北吴家梁村	文物		免费开放
249	榆林民俗博物馆	古城北大街田丰年巷3号院	文物		免费开放
250	神木市博物馆	神木县麟州街北段	文物		免费开放
251	佳县神泉堡革命纪念馆	佳县佳芦镇神泉村	文物		免费开放
252	定边县文博馆	定边县鼓楼南街文化广场	文物		免费开放
253	绥德县博物馆	绥德县名州镇进士巷13号	文物	三级	
254	米脂县博物馆	米脂县行宫路171号	文物	三级	
255	米脂县杨家沟革命纪念馆	米脂县杨家沟镇杨沟村	文物		免费开放
256	绥德县革命历史纪念馆	榆林市绥德县疏属山	文物		免费开放
257	府谷县古生物化石博物馆	府谷县府谷镇南门路60号	文物		免费开放
258	子洲县博物馆	子洲县城东文化大楼	文物		免费开放
259	黄河流域民俗艺术博物馆	府谷县田家寨镇高寒岭景区	文物		免费开放
260	余子俊纪念馆	沙河路沙河公园	文物		免费开放
261	榆林学院陕北历史文化博物馆	崇文路4号榆林学院校内逸夫科技楼一楼	行业		免费开放
262	神府革命纪念馆	神木陵园路2号	行业		免费开放
263	陕西榆林尚古博物馆	高新产业园区中兴路1号	非国有		免费开放
264	神木古麟州博物馆	神木体育中心南一楼	非国有		免费开放
265	陕西观止文化艺术博物馆	榆阳区上郡南路与朝阳桥交会处银通嘉园B座2楼	非国有		免费开放

续表

序号	名称	地理位置	性质	等级	备注
266	榆林上郡博物馆	人民中路45号	非国有		免费开放
267	佳县赤牛坬民俗博物馆	佳县坑镇赤牛坬村	非国有		
268	榆阳区龙文化博物馆	榆阳区黑龙潭景区	非国有		免费开放
269	府谷县荣河博物馆	府谷县新区崇塔村	非国有		免费开放
270	榆林朔方博物馆	高新产业园区中兴路1号	非国有		免费开放
271	府谷县红色文化博物馆	府谷县碛塄农业园区郝家寨村	非国有		免费开放
272	府谷县富昌博物馆	府谷县河滨路	非国有		免费开放
273	横山区古银州博物馆	横山区党岔镇	非国有		免费开放
汉　中					
274	汉中市博物馆	汉台区东大街26号	文物	二级	免费开放
275	留坝县张良庙博物馆	留坝县留侯镇庙台子村	文物		
276	汉中川陕革命根据地纪念馆	南郑区城关镇红寺湖风景区	文物		免费开放
277	城固县张骞纪念馆	城固县博望镇饶家营村	文物		
278	洋县文物博物馆	洋县洋州镇唐塔北路2号	文物		免费开放
279	略阳县江神庙民俗博物馆	略阳县南环路中段江神庙内	文物		免费开放
280	略阳县灵岩寺博物馆	略阳县城南灵岩路	文物		
281	勉县武侯墓博物馆	勉县定军山镇诸葛村八组	文物		
282	勉县武侯祠博物馆	勉县武侯墓武侯村	文物	三级	
283	镇巴县博物馆	镇巴县县城新街东侧中段	文物		免费开放
284	城固县博物馆	城固县博望镇饶家营村	文物		
285	勉县博物馆	勉县三国文化广场三国尊城B座三楼	文物		免费开放
286	宁强县博物馆	宁强县县城羌州路中段	行业		免费开放
287	佛坪县秦岭人与自然博物馆	佛坪县黄家湾路佛坪国家级自然保护区管理局院内	行业		
288	汉中民俗博物馆	汉台区宗营镇宗柏路	非国有	三级	免费开放
289	洋县蔡伦纸文化博物馆	洋县龙亭镇蔡伦墓祠区	非国有		
290	南郑谷林博物馆	南郑区汉山镇团山村（汉山景区内）	非国有		
安　康					
291	安康博物馆	江北黄沟鲁家梁梁头	文物	二级	免费开放
292	陕西汉阴凤堰古梯田移民生态博物馆	汉阴县漩涡镇黄龙村、堰坪村、茨沟村	文物		
293	旬阳县博物馆	旬阳县人民北路6号	文物	三级	免费开放
294	旬阳县红军纪念馆	旬阳县红军乡人民政府驻地	文物		免费开放

续表

序号	名称	地理位置	性质	等级	备注
295	安康市藏一角博物馆	汉滨区香溪路28号	文物		免费开放
296	白河县民俗博物馆	白河县卡子镇友爱村张氏民宅	文物		免费开放
297	汉阴县三沈纪念馆	汉阴县新街40号	文物		免费开放
298	石泉县博物馆	石泉县老街中段	文物		免费开放
299	平利县秦楚农耕博物馆	平利县城关镇龙头村	非国有		免费开放
300	金洲美食博物馆	汉滨区建民办事处黄沟路1号	非国有		免费开放
		商　洛			
301	商洛市博物馆	工农路中段大云寺内	文物	三级	免费开放
302	商州区博物馆	商州区东背街西段89号	文物		
303	洛南县博物馆	洛南县中甫街37号	文物		免费开放
304	丹凤县博物馆	丹凤县老街一号	文物		免费开放
305	商南县博物馆	商南县塔坡公园	文物		免费开放
306	山阳县博物馆	山阳县人民广场南文化艺术中心B座6、7楼	文物		免费开放
307	镇安县博物馆	镇安县城秀屏公园内	文物		免费开放
		韩　城			
308	韩城市博物馆	古城东区学巷45号	文物	三级	免费开放
309	韩城市普照寺博物馆	西庄镇昝村街道	文物		免费开放
310	韩城市司马迁墓祠博物馆	芝川镇东南	文物		
311	梁带村遗址博物馆	西庄镇梁带村	文物		
312	韩城市大禹庙博物馆	新城区周原村大禹庙	文物		免费开放
313	陕西司马迁史记博物馆	新城区状元街北小巷29号	非国有		免费开放
		杨　凌			
314	西北农林科技大学博览园植物博物馆	杨凌示范区邰城路3号	行业	二级	
315	西北农林科技大学博览园动物博物馆	杨凌示范区邰城路3号	行业	二级	
316	西北农林科技大学博览园中国农业历史博物馆	杨凌示范区邰城路3号	行业	二级	
317	西北农林科技大学博览园昆虫博物馆	杨凌示范区邰城路3号	行业	二级	
318	西北农林科技大学博览园土壤博物馆	杨凌示范区邰城路3号	行业	二级	
319	于右任思想教育博物馆	杨凌示范区邰城路3号	行业	二级	

备注：2017年，西咸新区划归西安代管

主要参考文献

1. 白寿彝．中国通史［M］．上海：上海人民出版社，1995.
2. 中国大百科全书总编辑委员会．中国大百科全书·考古学［M］．北京：中国大百科全书出版社，1986.
3. 中国社会科学院考古研究所．中国考古学·新石器时代卷［M］．北京：中国社会科学出版社，2010.
4. 中国社会科学院考古研究所．中国考古学·两周卷［M］．北京：中国社会科学出版社，2004.
5. 中国社会科学院考古研究所．中国考古学·秦汉卷［M］．北京：中国社会科学出版社，2010.
6. 中国社会科学院考古研究所．新中国的考古发现和研究［M］．北京：文物出版社，1984.
7. 张之恒，周裕兴．夏商周考古［M］．南京：南京大学出版社，1995.
8. 中国社会科学院考古研究所．殷墟的发现与研究［M］．北京：科学出版社，1994.
9. 张光直．中国青铜时代［M］．北京：三联书店出版社，1983.
10. 邹衡．夏商周考古学论文集［M］．北京：文物出版社，1980.
11. 许倬云．西周史（增订本）［M］．北京：三联书店出版社，1994.
12. 朱凤瀚．古代中国青铜器［M］．天津：南开大学出版社，1995.
13. 李学勤．东周与秦代文明［M］．北京：文物出版社，1984.
14. 杨宽．战国史［M］．上海：上海人民出版社，1998.
15. 张岂之．中国历史·先秦卷［M］．北京：高等教育出版社，2001.
16. 裘锡圭．文字学概要［M］．北京：商务印书馆，1988.
17. 孙机．汉代物质文化资料图说［M］．北京：文物出版社，1991.

18. 张国刚．唐代官制［M］．西安：三秦出版社，1987.
19. 黄留珠．周秦汉唐文明［M］．西安：陕西人民出版社，1999.
20. 黄正建．唐代衣食住行研究［M］．北京：首都师范大学出版社，1998.
21. 周锡保．中国古代服饰史［M］．北京：中国戏曲出版社，1984.
22. 王永平．唐代游艺［M］．西安：西北大学出版社，1995.
23. 三上次男．陶瓷之路［M］．李锡经，译．北京：文物出版社，1984.
24. 齐东方．唐代金银器研究［M］．北京：中国社会科学出版社，1999.
25. 郑育林，王锋钧．东方古都西安研究［M］．西安：陕西人民出版社，2013.
26. 李燕．她长安［M］．济南：山东人民出版社，2018.
27. 王梅．精彩纷呈的艺术宝库——西安博物院［M］．西安：西安出版社，2018.
28. 西安市文物保护考古研究院．西安文物精华［M］．西安：世界图书出版公司，2004—2014.
29. 古都西安丛书编撰委员会．西安的历史变迁与发展［M］．西安：西安出版社，2003.
30. 郭妍利．商代青铜兵器研究［M］．北京：社会科学文献出版社，2014.